Fortalecidos en el Señor

BILL JOHNSON

PENIEL

Buenos Aires - Miami - San José - Santiago
www.peniel.com

©2009 Editorial Peniel

Ninguna parte de esta publicación puede ser reproducida en ninguna forma sin el permiso escrito de Editorial Peniel.

Las citas bíblicas fueron tomadas de la Santa Biblia, Nueva Versión Internacional, a menos que se indique lo contrario.
© Sociedad Bíblica Internacional.

EDITORIAL PENIEL
Boedo 25
Buenos Aires, C1206AAA
Argentina
Tel. 54-11 4981-6178 / 6034
e-mail: info@peniel.com
www.peniel.com

Diseño de interior y adaptación de cubierta:
ARTE PENIEL • arte@peniel.com

Publicado originalmente en inglés con el título:
Strengthen Yourself in the Lord
by Destiny Image
Shippensburg, PA
Copyright © 2007 USA
All rights reserved.

Johnson, Bill
Fortalecidos en el Señor - 1a ed. - Buenos Aires : Peniel, 2009.
    144 p. ; 21x14 cm.
    Traducido por: Mara Campbell
    ISBN 10: 987-557-259-4
    ISBN 13: 978-987-557-259-1
    1. Vida Cristiana. I. Campbell, Mara, trad. II. Título
CDD 248

Impreso en Colombia / Printed in Colombia

DEDICATORIA

Dedico este libro a Randy Clark: tu humildad, integridad y pasión por Dios han afectado a millones de personas –y yo soy una de ellas–. Tu aliento y apoyo han sido monumentales en mi vida. Gracias por tu amistad y por el ejemplo que fuiste para mí en cuanto a cómo ser mayordomo de la vida de milagros. Gracias, Randy.

AGRADECIMIENTOS

Gracias a Dann Farrelly y a Pam Spinosi por su ayuda editorial, una vez más. Gracias a Mary Walker y a Judy Franklin por su aliento y ayuda constantes para armar este libro. Gracias especiales a Allison Armerding por ayudarme con la escritura. ¡Todos son invaluables!

RESPALDOS

Luego de muchas décadas de ministerio en todo el mundo, he descubierto que las personas, sin importar sus trasfondos, tienen dos preguntas principales: "¿quién soy?" y "¿cuál es mi propósito?". Bill Johnson responde con maestría a esas preguntas y comparte las herramientas que el Señor le enseñó a usar para fortalecerse a sí mismo. Las perspectivas de este pastor grandioso le mostrarán cómo Dios lo ha equipado a usted con todas las herramientas necesarias para cumplir su destino. Cualquiera sea la circunstancia adversa que haya atravesado, este libro lo ayudará a aferrarse a las provisiones de Dios para terminar este viaje de forma victoriosa a medida que se "fortalece en el Señor".

Dr. Mahesh Chavda
Autor de *La potencia oculta del ayuno y la oración*

En medio de un mundo de caos y confusión en la atmósfera que nos rodea, el enemigo intenta desarrollar un plan para aprovecharse de nosotros. Una clave para nuestras vidas es no permitir que las aparentes derrotas, los desalientos y las estrategias de defraudación del enemigo nos dominen y creen una mentalidad de fracaso en nuestro proceso de pensamiento. En *Fortalecidos en el Señor*, Bill Johnson creó una manera de pensar que lo ayudará a diseñar un plan victorioso para su vida. ¡Este libro hará que usted desarrolle una mentalidad de bendición, de ser bendecido, de celebración y de alabanza que liberará lo MEJOR que el Señor tiene para usted en el futuro!

Dr. Chuck D. Pierce
Presidente, Glory of Zion International, Inc.
Vicepresidente, Global Harvest Ministries

El nuevo libro de Bill proporciona un aliento poderoso para cada cristiano que lucha por la supervivencia espiritual, y eso nos incluye a casi todos en algún punto. Pero, más que eso, Bill marca el camino hacia adelante para todos los que queremos llevar a cabo nuestro llamamiento en Jesús, sin permitir que nada nos aparte de nuestro destino. Bill habla desde la experiencia y desde su vida, sus relaciones. Los testimonios que siguen a su ministerio son evidencia de que conoce el camino...

Rolland y Heidi Baker
Iris Ministries

La "bolsa de herramientas" de Bill Johnson está llena del equipamiento necesario para construir una vida de fe y de bendición. Tuve la certeza de que ningún ministerio que camina en la medida de revelación en la que Bill camina es accidental y, otra vez, veo las maneras prácticas en que el Padre lo ha apoyado y lo ha hecho progresar en un ministerio notable y talentoso. Creo que esta es la base de lo que él es y de lo que él hace.

Obispo Joseph L. Garlington

ÍNDICE

Introducción 11

Capítulo 1
El secreto del ascenso de David 13

Capítulo 2
Permanezca conectado con su destino 27

Capítulo 3
Desactive el infierno con acción de gracias 43

Capítulo 4
El momento del progreso personal 55

Capítulo 5
Libere las cosas ocultas 69

Capítulo 6
Poseídos por las promesas 79

Capítulo 7
Mantenga el testimonio 91

Capítulo 8
Controle su entorno 103

Capítulo 9
El clamor desesperado 113

Capítulo 10
¡No permitiré que suceda en mi turno! 133

INTRODUCCIÓN

Es el momento de ser fuerte y de tener mucho coraje. No sé si hubo otro momento cuando el coraje y la fe fueron más necesarios. Pero no lo digo porque sea una época oscura. Eso es obvio. Lo digo por las promesas del dominio de Dios que están suspendidas sobre la Iglesia, a la espera de que alguien las vea –y las crea– ¡para decir "sí" a lo que podríamos ser!

Vivir con coraje requiere de aliento. Y a veces el único que puede alentarlo es usted mismo. No saber cómo fortalecerse a sí misma le ha costado mucho a la Iglesia. ¡Es la clave del ascenso! Es lo que convirtió el peor momento de David en la *puerta trasera* de la habitación del trono. Y lo mismo le sucederá a usted. Cuando aprenda a fortalecerse a sí mismo, alcanzará su destino, cumplirá sus sueños divinos y se convertirá en una persona que puede representar fielmente a Jesús: "re-presentará" a Jesús al mundo.

Capítulo 1

El secreto del ascenso de David

*¡Si quiere matar gigantes,
siga a un asesino de gigantes!*

E l rey David supera a todas las figuras del Antiguo Testamento en este sentido: es recordado no tanto por la grandeza de sus acciones, sino por la grandeza de su corazón para Dios. Su corazón apasionado lo distinguió a los ojos de Dios mucho antes de que hubiera ganado grandes victorias militares, antes de revolucionar la naturaleza de la alabanza en Israel o incluso promover la era dorada de prosperidad económica y espiritual de esa nación. Mientras David aún estaba en la oscuridad, Dios vio que era un hombre conforme a su corazón (vea Hechos 13:22).

¿Cuál era la evidencia de que David tenía un corazón conforme al de Dios? Las Escrituras nos indican dos actos primarios de la vida de este hombre, antes de que fuera ungido como rey. Primero, cuando nadie lo veía, cuando nadie organizaba reuniones de oración o lideraba un renacimiento en Judea, David entregaba su corazón en alabanza y oración a Dios en los campos donde cuidaba de las ovejas de su padre. En completa soledad, su búsqueda de Dios estaba motivada únicamente por el deseo por conocer a Dios por Él mismo.

La relación de David con el Señor era muy inusual para la época porque todo el paradigma de la adoración en Israel en ese momento giraba alrededor del sacrificio de animales para lidiar temporalmente con el pecado y no del sacrificio de la adoración de corazón. Su corazón lo llevó más allá de la Ley al corazón del Señor. Segundo, las batallas de David contra el león y el oso revelaron su corazón para Dios porque confió completamente en Él para tener victoria. Esta confianza indicaba que el corazón de David para el Señor no era algo que cambiaba según las circunstancias. Tenía integridad de corazón (vea 1 Samuel 17:37).

PREPARADO PARA REINAR

Dios no llevó al hombre *que buscaba su corazón* directamente de las praderas al palacio. Aunque parezca increíble, David no asumió el trono hasta diez a trece años *después* de que Samuel lo ungió para ser rey. En esos años intermedios, David soportó más dificultades, persecución y rechazo de los que muchos de nosotros enfrentamos en toda una vida. Él probablemente no esperaba tardar tanto en convertirse en rey.

En contraste, Saúl, el rey anterior, no tuvo tal dificultad; fue coronado poco después de ser ungido por Samuel. Pero Dios no quería otro rey como Saúl. Aunque este era realmente el mejor hombre que Israel tenía para ofrecer cuando demandó un rey (vea 1 Samuel 8:6), su corazón no había sido preparado por medio de pruebas antes de asumir el trono. Como rey, a Saúl se le confió una medida de unción para liderar a los ejércitos de Israel a la victoria y para pastorear al pueblo. No obstante, sin la fuerza de carácter que solo proviene de ganar las batallas privadas, esas victorias públicas expusieron la debilidad del corazón de Saúl hacia Dios, algo que anteriormente había estado oculto. La debilidad, combinada con su creciente apetito por la aprobación del hombre, lo llevó a traerse gloria a sí mismo y a desobedecer al Señor. El corazón descontento de Saúl permitió que aquello que se le había otorgado para hacerlo exitoso acabara destruyéndolo.

Por eso David, aunque ya poseía un corazón conforme al Señor, fue guiado por años de pruebas que lo prepararon para manejar la gloria y la responsabilidad del trono. El relato bíblico de esta temporada de la vida de David está repleto de lecciones sobre las clases de pruebas de carácter que todos enfrentamos de camino a cumplir nuestro destino en Dios. Pero la verdadera pregunta es: ¿qué tiene David que, a fin de cuentas, lo habilita para ser rey? ¿Cómo llega el momento en que Dios dice: "Bien, ya estás listo"? Quisiera sugerir que fue la habilidad de David para hacer algo a pesar de la más profunda traición y rechazo imaginables. David "... se fortaleció en el Señor su Dios" cuando estuvo completamente solo (1 Samuel 30:6, LBLA).

EL ROL DEL RECHAZO

Ver la progresión en las pruebas que David enfrentó es valioso para comprender el significado de lo que eligió, que se convirtió en el momento clave para que fuera nombrado rey. La siguiente es una versión resumida de la vida de David en los años posteriores a su unción.

Estos años comenzaron con un éxito aparente. La intimidad singular de David con Dios ya lo había apartado y le había dado lo que ningún otro hombre en Israel tenía: mucho coraje, avivado por una indignación justa hacia los enemigos que burlaban los ejércitos del Dios viviente. David, sin armadura y solo, desafió osadamente las probabilidades, enfrentó a Goliat y ganó una gran victoria sobre el gigante y sobre los filisteos. Esta proeza le adjudicó instantáneamente la aprobación del pueblo y del rey Saúl. Como resultado, se mudó al palacio, se volvió el mejor amigo del hijo del rey y se casó con la hija del rey. Sin lugar a dudas, el cumplimiento de la palabra de Samuel sobre él parecía inminente.

Pero luego el rey Saúl escuchó una canción que cantaban las mujeres de la ciudad: "Saúl mató a sus miles, pero David, a sus diez miles". Consumido por los celos, lanzó una campaña para terminar con la vida de David. Después de esquivar las lanzas de Saúl, David llegó a la dolorosa conclusión de que tendría que abandonar Jerusalén para sobrevivir. Probablemente, no tenía idea de que este hombre endemoniado lo perseguiría por más de una década, alejándolo lo más posible del trono. El rechazo que Saúl le tenía fue el primer signo de que el entrenamiento de David para ser rey estaba basado en probar su habilidad para creer y para caminar en La Palabra toda su vida, incluso cuando las circunstancias parecían ser opuestas a su destino o, directamente, lo negaban.

Podemos ver otra prueba de carácter que enfrentó cuando, después de dejar Jerusalén y esconderse en varios otros lugares por un tiempo, David rescató al pueblo de Queilá de los filisteos. Se enteró de que Saúl sabía que él estaba allí, así que le preguntó al Señor si lo perseguiría y si los ciudadanos a los que acababa de salvar –sus propios hermanos judíos– lo protegerían o lo entregarían a Saúl. Dios dijo: "Él viene por ti, y ellos te entregarán". Rechazado otra vez, salió del pueblo.

¡Si quiere matar gigantes, siga a un asesino de gigantes!

En este momento, también tenía algunos seguidores, pero eran personas "... que estaban en apuros, cargados de deudas o amargados" (1 Samuel 22:2). Eran los rechazados de la sociedad. David demostró el verdadero corazón de un rey al aceptar a estos hombres y pasó los siguientes diez años entrenándolos en los asuntos de la vida y de la guerra. Bajo su liderazgo, estos "rechazados" se convirtieron en "hombres poderosos". (Nótese que al menos cuatro de estos hombres acabaron matando gigantes, al igual que David. ¡Si quiere matar gigantes, siga a un asesino de gigantes!). Finalmente, David llevó a sus hombres a la tierra de los filisteos, cuyos reyes le dieron una ciudad, Siclag. Desde allí, David lideró asaltos nocturnos contra los enemigos de Israel y convenció a los filisteos de que lo hacía por ellos. Luego, un día, estos decidieron pelear contra Israel. Muchos de los hombres querían llevar a David, por su fuerza y proezas militares evidentes. Pero los príncipes de los filisteos no permitieron que él se fuera, diciendo que se pondría en contra de ellos en la batalla y que los derrotaría para volver a ganarse el favor de Saúl. Después de esta humillación, David y sus hombres regresaron a Siclag, pero la encontraron quemada y saqueada por los amalecitas. Se habían llevado cada mujer, niño y posesión.

Un día tan malo como este que enfrentó David habría sido la gota que rebasa el vaso de muchos de nosotros. Había sido rechazado por el rey, por los israelitas e incluso por los enemigos de su país. (Uno sabe que ha tenido un mal día cuando el *diablo* lo rechaza). Pero, en este momento, David enfrenta el rechazo más profundo y más traicionero de todos. Al ver la ciudad quemada y las familias desaparecidas, sus hombres poderosos –aquellos a quienes él había transformado de alienados a ciudadanos útiles, con quienes había perseverado por años, y cuyas familias había protegido y mantenido– hablaron de apedrearlo. Incluso los rechazados de la sociedad lo habían resistido. David era un rechazado y estaba a punto de ser asesinado. No hay mucha diferencia entre la actitud de ellos y el prejuicio común de nuestra sociedad actual: si hay un problema, hay que eliminar al sujeto que esté más arriba. Pero esta es una injusticia mayor porque estos hombres le debían sus vidas a David.

Las Escrituras registran lo que David sentía en ese momento:

> Y David se alarmó, pues la tropa hablaba de apedrearlo; y es que todos se sentían amargados por la pérdida de sus hijos e hijas...

1 Samuel 30:6

Sin duda, yo también me sentiría muy angustiado si mi vida estuviera amenazada por mis amigos más cercanos. Pero ¿cómo responde David? ¿Corre por su vida? ¿Se indigna y comienza a defender su lugar de líder recordándoles que le deben sus vidas? Podría haber hecho cualquiera de las dos cosas, pero esto es lo que hizo:

> ... mas David se fortaleció en Jehová su Dios.

1 Samuel 30:6, RVR60

LA PUERTA TRASERA DE LA HABITACIÓN DEL TRONO

Enfrentar a un grupo volátil de hombres listos para apedrearlo hizo que no buscara la fortaleza en su interior sino en el Señor su Dios. Su fe le dio el coraje para decir, en esencia: "¡Vamos, amigos! ¡Tenemos que recuperar a nuestras esposas e hijos!". Sorprendentemente, esto fue todo lo que se requirió para que sus hombres entraran en razón. Tan solo los reenfocó en el propósito y en la visión para sus vidas –lo que demostró el verdadero carácter de un líder fortalecido–. Dios le dio la fuerza para dominar su propia angustia, para obviar la ofensa del rechazo de sus hombres y para reunirlos para ir a recuperar a sus familias. Cuando fortalecido se volvió a los hombres, ellos se compusieron, fueron detrás de los amalecitas y recuperaron cada persona y cada posesión que les habían robado. Pero el logro personal de David en este momento, su habilidad para fortalecerse y ser fiel a su propósito en lugar de colapsar bajo la presión, no solo salvó su vida, sino que también le permitió liderar a sus hombres hasta la victoria.

Su logro lo mantuvo de pie frente a una puerta invisible que estaba a punto de abrirse: la puerta de la habitación del trono. La misma batalla que los filisteos le habían impedido que peleara fue la batalla en la que Saúl y Jonatán murieron. Al poco tiempo, Israel coronó a David como su rey. Su momento más oscuro lo guió hasta la puerta trasera de la habitación del trono.

DEJEMOS UN LEGADO DURADERO

La historia, por supuesto, no acaba aquí. El verdadero significado del ascenso de David del campo al trono se evidencia en su legado como rey. Habría sido suficientemente asombroso que David solo hubiera escrito los Salmos, establecido una forma de adoración sin precedente en Jerusalén, diseñado el Templo y traído a Israel a su era de oro; pero el rey David era tan importante para Dios que fue nombrado *el* predecesor del Mesías. Jesús será identificado, por toda la *eternidad*, como el Hijo de David y se sentará en su trono. David fue ascendido a un lugar de tal aprobación de Dios y de tanta influencia para con Él que alteró el curso de la historia para siempre. La vida de este hombre no fue registrada en Las Escrituras simplemente para inspirarnos. Solo necesitamos leer los relatos de sus pecados para saber que no era ninguna clase de superhéroe. La vida de David es en realidad un llamado a todos los creyentes. Si un hombre pecador que vivió cientos de años antes de que la sangre de Jesús fuera derramada pudo llegar a ese lugar de aprobación divina, ¿cuánto más podrán cumplir su destino grandioso –ser como Cristo y terminar su trabajo en este planeta– las personas cubiertas por esa sangre? Juan describe el destino que recibimos en Jesús en Apocalipsis 5:9-10, el destino del que todo el Cielo canta: "… con tu sangre nos has redimido para Dios, de todo linaje y lengua y pueblo y nación; y nos has hecho para nuestro Dios *reyes y sacerdotes*, y reinaremos sobre la tierra" (RVR60, énfasis del autor). Como prueba de que nuestra posición como reyes y sacerdotes no es menor que la posición que tenía David, el escritor de Efesios dice que estamos sentados con Cristo en las regiones celestiales (vea Efesios 2:6). Si Jesús está sentado en la actualidad en el trono de David, ¡también lo estamos nosotros!

Vivimos en una época en la que el Señor está restaurando esta revelación en su pueblo –que la sangre de Jesús no fue derramada meramente para salvarnos de nuestros pecados, sino para restaurar nuestra relación con Dios, en la que somos sus socios como reyes y sacerdotes, para lograr que el planeta vuelva a estar bajo su reino y mando–. Tenemos autoridad delegada para establecer su Reino donde sea que pise la planta de nuestro pie. Pero sucede que, aunque Dios nos llama "reyes", el grado al que transitamos en ese puesto es una cuestión de *potencial*. Y, como lo señala Larry Randolph, Dios no es responsable de hacernos alcanzar nuestro potencial. Muchos creyentes creen que Él no cumple con las palabras proféticas acerca de sus vidas, porque no entendieron que la palabra señalaba el potencial de ellos, que requiere de su participación. Dios no colmará su potencial, porque Él quiere que usted se convierta en un creyente maduro que piensa y actúa como Él por su propio libre albedrío. Los creyentes maduros son aquellos a quienes Él puede confiarles los secretos de su corazón porque ellos no usarán el don que Dios les da para sus propios beneficios, sino para el de Él.

UN FAVOR MAYOR ASEGURA NUESTRO DESTINO

Algunos de nosotros que hemos sido educados en una sociedad democrática quizá batallamos con la idea de que Dios favorece a algunas personas más que a otras. El favor de Dios no es igual a su amor. Usted no puede hacer nada para cambiar la inmensidad del amor de Dios por usted. Pero incluso Jesús mismo tuvo que hacer crecer "... el favor de Dios y de toda la gente" (Lucas 2:52). Este versículo me asombra. Puedo comprender el hecho de que necesitaba lograr el favor de la gente, pero ¿por qué tenía que conseguir mayor favor de Dios? Era perfecto en todo sentido. La respuesta yace en el hecho de que Jesús hizo todo lo que hizo *como hombre*, poniendo de lado su divinidad, para poder ser un modelo para nosotros. Por ende, Él, como David, necesitaba ser probado. En su bautismo, Él recibió su unción cuando el Espíritu descendió sobre Él y permaneció, y el Padre declaró que era el Hijo de Dios. Pero, en lugar de lanzarlo directamente a su ministerio, fue guiado por el Espíritu al desierto. Allí fue tentado por el enemigo, en especial en el área de La Palabra que recién se había pronunciado sobre Él. Si observamos el relato de la tentación de Jesús en Lucas, veremos que va al desierto "... lleno del Espíritu Santo..." y que regresa "... en el poder del Espíritu..." (Lucas 4:1,14). Como pasó la prueba, la expresión de la palabra sobre de su vida –el favor para caminar en su potencial– fue liberada en gran medida.

El "favor" que Jesús hizo crecer es la palabra *charis*, que se refiere a la gracia divina y a la habilidad de Dios mismo que invade a una persona y le permite lograr los propósitos divinos. Según el modelo de Jesús, cada uno de nosotros debe gozar cada vez más del favor si quiere cumplir su destino en Dios. Pero el favor, por ser tan glorioso y poderoso, es algo pesado. Por lo tanto, Dios, en su misericordia, nos da su favor en la medida en que nuestro carácter puede manejarlo, llevándonos de gloria en gloria, de fe en fe, de fuerza en fuerza.

EL PROPÓSITO Y LA PRIORIDAD DE MINISTRARSE A UNO MISMO

La vida de David nos muestra que la habilidad de fortalecernos y ministrarnos a nosotros mismos es una aptitud vital que debemos aprender si vamos a desarrollar el carácter necesario para desempeñar nuestro potencial como reyes y sacerdotes. Es imposible para cualquiera alcanzar su destino máximo en la vida sin aprender a ministrarse a sí mismo. Podemos apreciar mejor el significado de esta habilidad si comprendemos la naturaleza del rol al que somos llamados. Cuando Las Escrituras dicen "… reinaremos sobre la tierra" (Apocalipsis 5:10, RVR60), la implicación es que cada uno de nosotros tiene un destino que cumplir en una posición en la cual influenciamos a los que nos rodean. Cada uno de nosotros tendrá un tamaño y una esfera de influencia diferentes, pero somos llamados a ser líderes en la sociedad. No somos llamados a "gobernar sobre los demás" en el sentido de la dominación. En el Reino de Dios, el poder de gobernar, es la habilitación divina para servir a los demás con mayor efectividad. Y así como los reyes deben dar protección y prosperidad a sus ciudadanos, también aquellas personas que sirven bien en el Reino de Dios ofrecerán seguridad y bendición a todos los que estén bajo su influencia.

Quizá la primera cualidad que distingue a un líder es la *iniciativa*. Dios sabía que David sería un líder exitoso porque tuvo la iniciativa de buscarlo a Él en el lugar secreto. Es la misma cualidad de madurez que está buscando en nosotros. Es maravilloso experimentar la presión social positiva y el ímpetu de un movimiento de Dios en un grupo corporativo. Pero quienes buscan el rostro del Padre cuando no hay nadie cerca y procuran el destino que Él tiene para sus vidas son personas que poseen la iniciativa necesaria para fortalecerse a sí mismas. Si aprenden a mantener su iniciativa de procurar a Dios fortaleciéndose a sí mismos durante las pruebas, serán las personas que experimentarán los logros personales que liberan una bendición corporativa a todos los que los rodean.

Dios quiere que aprendamos a fortalecernos a nosotros mismos por medio de Él porque desarrollar nuestras habilidades promoverá la longevidad espiritual. Necesitamos la longevidad, porque nuestro destino y nuestro potencial no pueden lograrse en unos pocos años; se extienden hasta el fin de nuestras vidas aquí en la Tierra. Por esta razón, me gusta decirles a los estudiantes de nuestra Escuela de Ministerio Sobrenatural: "Cualquiera puede arder por Dios por un año. Regresen en veinte años, invítenme a tomar café y díganme que aún están en llamas". Luego paso gran parte del año escolar enseñándoles las herramientas que yo aprendí para fortalecerme a mí mismo. Es obvio que los estudiantes poseen la iniciativa suficiente para pagar el precio de asistir a la escuela; pero sin descubrir las herramientas para ministrarse a sí mismos y sin usarlas, no podrán —estoy convencido— mantener el deseo que los trajo en un principio. Lamentablemente, conozco demasiados líderes cristianos que no poseen esta habilidad y, como resultado, sufren de desgaste o de fracaso moral.

Ahora bien, permítame aclarar que aprender a fortalecerse a usted mismo no significa que deba desarrollar un estilo de vida independiente. Nuestros estilos de vida como creyentes siempre están enfocados en servir, amar y apoyarse en el Cuerpo de Cristo. Pero, por el bien de madurar y aumentar en el favor para poder bendecir a quienes nos rodean, Dios trae momentos en nuestras vidas cuando tenemos que atravesar dificultades y pruebas solos. Él incluso cegará los ojos y ensordecerá los oídos de nuestros amigos más cercanos en esos momentos para que podamos aprender a ministrarnos a nosotros mismos. Debemos reconocer esto porque sé de muchos creyentes que acaban amargados, pensando que sus amigos no los ayudan en un momento duro. Comprender la prioridad de Dios por enseñarnos esta lección nos ayuda a evitar esa trampa.

LA VICTORIA COMO ESTILO DE VIDA

Este libro está escrito para compartir las herramientas que el Señor me enseñó para fortalecerme a mí mismo. Mi propósito no es hacer un listado exhaustivo de las herramientas en Las Escrituras, sino mostrarle las cosas que me ayudaron a atravesar los días difíciles en las trincheras. Al leer acerca de aquello que Dios puso en su arsenal, mi deseo es que la *concientización* del destino sobre su vida se arraigue más en su corazón. Él lo equipó para la gran victoria –no simplemente para abrirse paso, sino para liberar y establecer el dominio de Dios a su alrededor–. Sin embargo, es su responsabilidad usar estas herramientas para fortalecerse a sí mismo, para poder mantenerse de pie en esa victoria. La mejor invitación de su vida está frente a usted: una invitación a caminar en un lugar de favor, a trabajar lado a lado con Dios y a escribir la Historia como el rey y sacerdote que Él escogió. ¡Afrontemos el reto!

Capítulo 2

Permanezca conectado con su destino

El enemigo usa mentiras para hacer que los problemas parezcan más grandes que las soluciones que tenemos.

Dios jamás nos prepara para fracasar, solo para crecer.

Controlar todos los aspectos de la vida cristiana puede ser abrumador. Hay una lista aparentemente infinita de responsabilidades que atender. Está el asunto de las relaciones dentro y fuera de nuestra familia inmediata, de nuestro lugar de trabajo, de nuestro ministerio, de nuestra participación comunitaria y de nuestro evangelismo. Y también está el asunto de las disciplinas cristianas como la oración, el estudio bíblico personal, testificar, congregarse, ayunar –la lista sigue y sigue–. Y para empeorar el asunto, la mayoría de nosotros es bastante capaz de hacer complejas cosas muy sencillas. Sin embargo, Jesús ilustró un estilo de vida simple: uno despreocupado –no irresponsable, sino simplemente sin preocupaciones–. Salomón parecía reconocer una clave de este estilo de vida grandioso del Reino cuando dijo: "Por sobre todas las cosas cuida tu corazón, porque de él mana la vida" (Proverbios 4:23). Todas las cosas en nuestras vidas fluyen como ríos desde un lugar central –el corazón–, y lo que hacemos para administrar ese lugar determina las consecuencias que experimentaremos.

Vivimos en una encrucijada a diario: ese lugar entre el misterio y la revelación. Mi trabajo es confiarle a mi Padre celestial los problemas y las situaciones que no comprendo y concentrarme en administrar mi voluntad para hacer lo que sé que es correcto. Mi éxito en guardar mi corazón determina la medida de progreso en el Reino que experimentaré en mi vida. En otras palabras, mi realidad interna suele definir la naturaleza de mi realidad externa: si prospero mi corazón, mi vida prosperará.

Fortalecernos en el Señor es una parte esencial de administrar nuestro corazón. Las herramientas que aprendí a usar para fortalecerme en el Señor se han convertido en las respuestas calculadas a las luces de advertencia de mi corazón. Pero el hecho es que solo puedo responder correctamente si ya reconozco y entiendo las señales que envía mi corazón. Si la luz del aceite se enciende en mi auto, y mi respuesta es llevar el vehículo al lavadero, es claro que no comprendí el significado de esa luz. Peor aún, el problema real no fue resuelto, y pronto se manifestará en una falla mecánica. Cuando se trata de mi corazón, he descubierto que la única manera en que puedo usar correctamente las herramientas que recibí para fortalecerme es estableciendo verdades fundamentales en mi pensamiento –verdades acerca de la naturaleza de la realidad, de quién es Dios y de qué clase de persona Él me ha hecho–. Estas verdades me ayudan a identificar las señales de mi corazón. Compartiré algunos de esos pensamientos en este capítulo como contexto para comprender las herramientas que uso para fortalecerme. Abordaré estas herramientas útiles en el resto del libro.

SOMOS LO QUE CONTEMPLAMOS

¿Sabía usted que su pensamiento y su corazón están conectados íntimamente? La mentalidad occidental divide en secciones a los seres humanos en lo que a sentimientos y pensamientos se refiere –el corazón siente y la mente piensa–. Pero Las Escrituras dicen: "Porque cual es su pensamiento *en su corazón*, tal es él..." (Proverbios 23:7, RVR60, énfasis del autor). De hecho, la definición hebrea de la palabra *corazón* encierra la totalidad de nuestro "hombre interior". El corazón es el asiento de la mente, la imaginación, la voluntad, las emociones, los afectos, la memoria y la conciencia. También es el centro de la comunión con el Espíritu de Dios y posee las facultades que perciben la realidad espiritual. Las Escrituras se refieren a esta percepción espiritual como "los ojos del corazón". Por ende, el corazón es lo que nos permite tener *fe*, que es "... la certeza de lo que no se ve" (Hebreos 11:1). Nuestra fe crece en la medida que nuestro corazón, guiado por el Espíritu Santo, percibe y comprende el reino invisible de la realidad espiritual. Ese reino invisible gobierna al reino visible y hace que nuestra mente y voluntad acuerden con la realidad del Reino. Esencialmente, lo que acabo de describir es el proceso de renovación de la mente.

Nuestro foco interno con la realidad espiritual y nuestro consenso con ella –tanto la realidad del Reino de Dios, basado en la verdad, como la realidad destructiva del reino del enemigo, basado en mentiras– dan permiso para que la realidad fluya a los "asuntos de la vida".

Este poder de consenso, con una realidad espiritual por medio de nuestro foco, agrega otra dimensión al principio de que la vida fluye desde el corazón: *nos convertimos en lo que contemplamos*. Como dije en el capítulo anterior, Dios dejó en claro en qué nos estamos convirtiendo: en el potencial que debemos alcanzar a lo largo de nuestra vida. Nos estamos convirtiendo en reyes y sacerdotes del planeta, que siguen el liderazgo de nuestro Hermano Mayor, Jesús. Por eso Hebreos nos dice que "fijemos la mirada en Jesús..." (Hebreos 12:2). Nuestra meta es mantener nuestro foco en Él porque nos convertimos en Aquel a quien contemplamos. El nivel al que comprendemos nuestra identidad y propósito –en quién estamos convirtiéndonos– siempre está determinado por el nivel de nuestra revelación de Jesús. Él es la representación exacta del Padre, a cuya imagen fuimos creados nosotros.

Contemplar a Jesús no puede reducirse a leer acerca de Él en Las Escrituras. Él murió para que el mismo Espíritu que estaba dentro de Él, que le daba acceso constante a lo que el Padre decía y hacía, pudiera ser enviado a vivir en nosotros. La verdad es que cada creyente tiene acceso constante a la presencia manifiesta de Dios. Somos un cielo abierto. Pero tenemos que aprovechar ese acceso y lo hacemos volviendo nuestro foco hacia Él. Solo en ese lugar de comunión con Él llegamos a *conocerlo* y, consecuentemente, ganamos la revelación de nuestra identidad y propósito. Y al aceptar la *revelación* de quién es Él, la *realidad* de quién es Él comienza a fluir hacia nuestras vidas y a transformarnos a su semejanza. Todo lo fructífero de nuestras vidas fluye de este lugar de intimidad con el Señor.

CONCORDAR CON LO INVISIBLE

Porque nuestra comunión con el Señor es la fuente de poder de nuestras vidas y nos conecta con nuestro propósito eterno como reyes y sacerdotes del planeta, el reino de la oscuridad está generalmente apuntado a desplazarnos de Él y a hacer que nos enfoquemos en otra cosa. El enemigo sabe que nuestro trabajo, al caminar en nuestro puesto de autoridad delegada, es destruir su trabajo: cerrar la brecha entre la realidad invisible del Reino de Dios y la realidad no redimida de nuestras circunstancias. La realidad inferior de nuestras circunstancias físicas siempre se doblega ante la realidad superior del Reino; pero solo podemos liberar ese Reino según el grado en el que nuestro corazón y nuestra mente están de acuerdo con él.

El enemigo usa mentiras para hacer que los problemas parezcan más grandes que las soluciones que tenemos.

Entonces el enemigo usa mentiras de acusación e intimidación para hacer que los problemas y conflictos de nuestra vida, que resultan de la incongruencia entre la realidad celestial y la realidad terrenal, parezcan más grandes que las soluciones que tenemos.

En aquellos momentos en que nos enfrentamos al choque entre los reinos de lo visible y lo invisible, Dios tiene un plan, y el enemigo tiene un plan. Siempre elegimos asociarnos con uno o con el otro. Al hacerlo, decidimos si la situación *es una prueba* que demuestra y fortalece nuestro carácter y nuestra fe para caminar en nuestro propósito, mostrándole a Dios que puede confiarnos más de Él mismo; o *es una tentación* que nos aleja de Dios y nos acerca a la amargura, la duda, la ansiedad y la decepción. Elegir no debería ser difícil para nosotros; quiero decir, ¿a quién le importa cuál es el plan del diablo? El plan de Dios es tan glorioso, y su amor y sus propósitos para nuestras vidas son tan grandiosos, que todo lo demás resulta insignificante. Todos deberíamos ser como Nehemías, quien, cuando los enemigos de Israel intentaron hacer que saliera de la ciudad y caminara con ellos en el valle de Ono, dijo: "... Estoy ocupado en una gran obra, y no puedo ir. Si bajara yo a reunirme con ustedes, la obra se vería interrumpida" (Nehemías 6:3).

Pero la realidad es que solo podemos ignorar al enemigo cuando estamos firmemente convencidos de que hacemos un gran trabajo para Dios, un trabajo que Él nos encomendó. Nuestra *co-misión* surge de nuestra *su-misión* a su misión principal: "En la tierra como en el cielo". Solo una devoción pasional hacia Dios y una convicción inquebrantable sobre la identidad y el propósito que Él nos ha dado será más fuerte que la determinación del enemigo de distraernos. Si no estamos convencidos de nuestro propósito, entonces tendremos en cuenta las mentiras del enemigo e invitaremos su destrucción a nuestras vidas. La clave para ganar esta convicción y esta pasión es, una vez más, un foco concentrado en el Señor y en su palabra sobre nosotros. Una de las explicaciones más conmovedoras en Las Escrituras de por qué Israel no logró caminar en su pacto con Dios está en Lamentaciones 1:9: "... no tomó en cuenta lo que le esperaba. Su caída fue sorprendente". Jerusalén tenía un destino extraordinario. Pero el hecho de no haberlo considerado la llevó a una caída sorprendente. Su destrucción fue proporcional a su potencial de ser grandiosa. La razón por la que vemos seres humanos capaces de gran destrucción y maldad es porque nosotros somos en la creación de Dios los que tienen mayor potencial para la grandeza. La clave para el propósito grandioso o para la destrucción grandiosa yace en el lugar en el que escogemos mantener nuestro foco. Saber esto debería movilizarnos a guardar celosamente nuestra intimidad con el Señor.

VICTORIA PERSONAL: BENDICIÓN COLECTIVA

Ya debe de haberse dado cuenta de esto, pero las pruebas que David sobrellevó eran pruebas centradas específicamente en su habilidad para mantener su foco en su identidad y en su propósito. Fue probado al encontrarse con circunstancias que contradecían directamente La Palabra de Dios para su vida. Su trabajo era ignorar el plan del enemigo y desarrollar la fortaleza de carácter que Dios buscaba. Era como si Él estuviera diciendo: "Muy bien, David, te llamé como un hombre que tiene el corazón conforme al mío y te ungí como rey de Israel. Ese es tu destino. ¿Serás un rey con mi corazón cuando el hombre que actualmente está en tu puesto te ataque, te persiga y haga lo imposible por alejarte de tu destino? ¿Serás ese rey cuando los judíos a los que se supone que gobiernes quieran entregarte al enemigo? ¿Serás ese rey cuando tu ejército consista en un puñado de perdedores? ¿Serás ese rey cuando tu palacio sea una cueva en el desierto? ¿Y serás ese rey cuando tus amigos más íntimos te deshonren y amenacen tu vida? Si puedes fortalecerte en mí, entonces puedo confiar en que serás ese rey cuando todas las circunstancias estén alineadas".

Las acciones de David prueban que creía las promesas de Dios acerca de su vida. Asimismo, las dificultades de nuestras vidas exponen el grado al que realmente creemos que Dios es para nosotros y que sus palabras acerca de nuestro destino son verdad. Esta es la esencia de la fe –no la aceptación intelectual de las verdades, sino la confianza práctica que expresamos en Dios basados en lo que sabemos que Él es gracias a nuestra relación con Él–. Expresamos esa confianza cuando elegimos escucharlo en medio de nuestras circunstancias más que cualquier otra voz y luego responder a ellas a la luz de lo que Él dijo. Las herramientas que David usó para fortalecerse en sus pruebas tuvieron que ser actividades que lo mantenían conectado con Dios y con lo que Él había dicho, porque lo que hizo en esas pruebas era consistente con las palabras sobre su vida y liberaban el propósito a quienes lo rodeaban.

Me aventuro a decir que las cosas que David hizo para fortalecerse fueron algunas de las mismas cosas que hacía para conectarse con el Señor *antes* de ser llevado a la época de las pruebas. No salió al desierto sin las herramientas necesarias para enfrentar las pruebas que encontraría allí; Dios lo llevó porque estaba listo –no listo aún para ser rey, sino para pasar una serie de pruebas que aumentaban de dificultad a medida que probaba que era lo suficientemente fuerte como para enfrentarlas–. Esto revela una verdad acerca de la naturaleza de

> *Dios jamás nos prepara para fracasar, solo para crecer.*

Dios que debería de darnos buena razón para confiar en Él cuando experimentamos desafíos en la vida. Esa verdad es: siempre esté preparado para el momento que vive ahora, porque Dios nunca deja de darle con antelación las herramientas que necesita. Puede ver este aspecto de su naturaleza en este episodio de la historia de Éxodo:

> Cuando el faraón dejó salir a los israelitas, Dios no los llevó por el camino que atraviesa la tierra de los filisteos, que era el más corto, pues pensó: «Si se les presentara batalla, podrían cambiar de idea y regresar a Egipto».

Éxodo 13:17

Dios alejó a los israelitas de un desafío que no estaban preparados para enfrentar. La verdad consecuente es que las batallas y las pruebas a las que Él los llevó eran aquellas para las cuales Él los había preparado. Dios es un Padre bueno. Jamás nos prepara para fracasar, solo para crecer. Así como yo jamás enviaría a mis propios hijos a enfrentar un desafío que no están preparados para manejar, tampoco lo hace Él. ¡Dios jamás nos prepara para fracasar, solo para crecer!

LA PIEDRA ANGULAR DE LA REVELACIÓN: DIOS ES BUENO

Creo que la razón por la cual muchos creyentes caen en la trampa del miedo y de la ansiedad en medio de una crisis es que permiten que el enemigo los distraiga del hecho de que están preparados con las herramientas que ya tienen en su arsenal. Es fácil para nosotros sentirnos atacados por la espalda por hechos que no esperábamos; pero nada sorprende a Dios, y por esa razón, nos preparó para lo que nos espera. Es simple recordar que Él vio lo que sucederá y que nos preparó para ello, pero hace una diferencia enorme en nuestra respuesta a la dificultad. Cuando tenemos nuestros corazones anclados en esta verdad acerca de su naturaleza, tendemos a hacer un inventario de nuestras herramientas y a comenzar a usarlas cuando nos enfrentamos a un desafío. El pilar de una respuesta automática de nuestra parte es la convicción apasionada de que Dios es bueno, ¡siempre bueno! Dudar de su bondad, inventar explicaciones por las cosas que no entendemos (la fuente de muchas malas teologías) o caer en la ansiedad y la decepción no serán opciones para nosotros. Es como saber exactamente qué hacer cuando la luz del aceite se enciende en nuestro auto. Cuando la verdad de la bondad de Dios *no* está anclada firmemente en nuestros corazones, no solo estamos desplazados de nuestro propósito en conflicto, sino que no poseemos la sensibilidad de corazón, la fe, para percibir las herramientas que Dios nos da para prepararnos antes de que nos encontremos con un desafío. Aprendemos esta lección de los discípulos de Jesús. Al poco tiempo de ser testigos del milagro de los panes y los peces, los discípulos estaban en un bote en medio de una tormenta en el lago. En medio del temporal, Jesús caminó sobre el agua y aquietó la tempestad. Los discípulos estaban sobrecogidos por esta demostración de poder, por su incredulidad y probablemente por su propia falta de preparación para enfrentar otro obstáculo con su propia autoridad. Marcos da la siguiente explicación para la reacción que tuvieron: "Porque aún no habían entendido lo de los panes, por cuanto estaban endurecidos sus corazones" (Marcos 6:52, RVR60). En esta temporada de su ministerio, Jesús estaba entrenando a sus discípulos para que hicieran lo que Él hacía. Cada milagro que hizo en presencia de ellos era una lección acerca de la naturaleza de Dios y una invitación a que ellos vivieran de esa revelación. Al calmar la tormenta, estaba demostrando una dimensión del poder y de la autoridad de Dios que, lógicamente, se conectaba con el poder y la autoridad que había demostrado antes en el milagro de los panes. Es como si les hubiera enseñado multiplicación y siguiera con álgebra, pero ellos no podían avanzar porque no habían entendido la primera lección.

¿Por qué no entendieron la lección de los panes? Porque sus corazones estaban endurecidos. No tenían la fe básica respecto a quién es Dios y no entendían la forma en que Él trabajaba para orientarlos a aprender las lecciones que los prepararían para la vida y el ministerio –en este caso, enfrentar otra tormenta–. Qué aleccionador es ver que es posible ser perfectamente obedientes a los mandamientos del Señor (obtener la comida disponible y entregarla a las multitudes), ser usados para llevar a cabo un milagro, pero aún no obtener las herramientas que Dios puso a disposición por causa de un corazón endurecido. La represión de Jesús les dio la posibilidad de arrepentirse para que recuperaran lo que habían perdido en el milagro.

Nuestra habilidad para conectarnos con lo que Dios está haciendo en medio de circunstancias difíciles depende de nuestra habilidad para recordar quién es Él y lo que ha hecho en nuestras vidas –la historia de nuestra relación con Él–. Le garantizo que, si está atravesando actualmente una situación que parece superar su fortaleza o comprensión y se toma el tiempo para repasar su historia con el Señor del último año, más o menos, siempre encontrará una herramienta –una palabra profética, un versículo de Las Escrituras que le llamó la atención, un testimonio o una estrategia de oración, por ejemplo– que Dios puso en su arsenal, algo que le da la clave para superar la situación presente. También es posible que necesite arrepentirse de la dureza de su corazón que le impidió obtener lo que Él dejó disponible para usted.

A medida que se convenza más y más de que usted es una persona con una identidad y un propósito grandiosos, de que está preparado para el momento que está atravesando y de que todo el Cielo está esperando para apoyarlo cuando elija ser fiel a su propósito, cambiará su percepción de cuáles son las fuerzas más operativas en su vida. Esa percepción lo abrirá a la lección sobre las realidades invisibles que lo rodean. Un cambio como ese hace que el aprendizaje sea natural.

José descubrió esto. Cuando se enfrentó a su destino, vio los planes y los propósitos de Dios, y recibió un ímpetu y un poder que superaron los planes malignos de sus hermanos. Dijo: "Es verdad que ustedes pensaron hacerme mal, pero Dios transformó ese mal en bien para lograr lo que hoy estamos viendo: salvar la vida de mucha gente" (Génesis 50:20). Esta declaración no niega la realidad de que sus hermanos eligieron cosas que afectaron su vida, pero se concentra en la realidad superior de que sus planes no pudieron cancelar el propósito de Dios para él. De hecho, aquellas intenciones malvadas se convirtieron en las mismísimas herramientas que Dios usó para llevar a José a su ascenso y a la ejecución de la promesa divina. Aunque Dios no crea el mal, este no limita su habilidad para lograr cumplir todo lo que Él se propuso hacer en nosotros.

LOS BENEFICIOS DEL CONFLICTO

Hay otra razón para no estar nunca preocupados por lo que el enemigo puede planear. (No niego nuestra necesidad de discernimiento, pero nuestro discernimiento pasa por no prestarle atención indebida al diablo. Está diseñado principalmente para reconocer por qué canal está hablando la voz del enemigo para poder presionar el botón de "enmudecer".) El diablo nunca fue una amenaza para Dios, quien podría fácilmente acabar con todo el reino de las tinieblas en un instante. Dios decidió que sería más beneficioso y más glorioso compartir su victoria con los hijos que creó a su semejanza, quienes pueden dar evidencias de cómo es Él. Y Él no descarta usar al diablo como peón para lograr sus propósitos, al igual que usó al faraón como enemigo de Israel. El Salmo 105, al relatar la historia del viaje de Israel a Egipto y de su éxodo triunfal, dice:

> El SEÑOR hizo que su pueblo se multiplicara; lo hizo más numeroso que sus adversarios, a quienes trastornó para que odiaran a su pueblo y se confabularan contra sus siervos. Envió a su siervo Moisés, y a Aarón, a quien había escogido, y éstos hicieron señales milagrosas entre ellos, ¡maravillas en el país de Cam! (…) Sacó a los israelitas cargados de oro y plata, y no hubo entre sus tribus nadie que tropezara. Los egipcios se alegraron de su partida, pues el miedo a los israelitas los dominaba.
>
> SALMO 105:24-27, 37-38

Estos versículos dicen básicamente que Dios envió a Israel a Egipto para poder iniciar una pelea. Bendijo y multiplicó a su pueblo hasta que fueron una amenaza para el enemigo, luego fue al enemigo, endureció su corazón y lo provocó. Este plan divino justificó que Él se levantara en nombre de su pueblo, que exhibiera sus maravillas, que infestara de plagas a los egipcios y que sacara a los israelitas repletos de botines. ¡Qué estrategia!

Entonces Dios no solo nos prepara para los conflictos, nos guía directamente a ellos. No digo que Él sea la causa de la dificultad en nuestras vidas. No es ni jamás será la clase de Padre que trae tormento, enfermedad o persecución a las vidas de sus hijos para enseñarles cómo ser más parecidos a Cristo. El punto es que, cuando perseguimos nuestro propósito divino, cada situación en nuestras vidas trabaja en conjunto para lograrlo. Jamás tenemos que vivir en un momento de conflicto como si no tuviera un propósito divino, porque Dios puede ganar con cualquier reparto de cartas, incluso con las de menor valor.

En realidad, *ya ganó*. Nuestro trabajo es alinear nuestros corazones con la realidad de la victoria de la Cruz para poder ver sus propósitos y su redención en funcionamiento a nuestro alrededor. Así podremos reconocer cómo asociarnos con el Cielo en nuestras circunstancias. Las personas que tienen este punto de vista se distinguen de los demás porque se ponen felices cuando encuentran un problema. Saben que es su tarea, su privilegio y su gozo ver las imposibilidades y los problemas caer de rodillas ante el nombre de Jesús.

LA PRIMERA LÍNEA DE LA BATALLA: EL LUGAR MÁS SEGURO

Cada creyente tiene una tarea que se corresponde con sus dones y talentos singulares, y todas ellas trabajan para lograr un propósito: establecer el Reino "en la tierra como en el cielo". Este Reino, como dicen Las Escrituras "ha venido avanzando contra viento y marea" (vea Mateo 11:12); primero para desplazar las actitudes del hombre carnal en nuestra propia vida y luego para destruir el trabajo del diablo a nuestro alrededor. La violencia de este proceso puede parecer abrumadora por momentos, pero es más seguro permanecer en medio de este conflicto que adoptar un abordaje defensivo y conservador para la vida cristiana. El lugar más seguro para que estemos en cualquier momento de nuestras vidas es buscar apasionadamente a Dios y el propósito para el cuál Él nos ha llamado. La búsqueda ferviente nos posiciona para avanzar. Es bastante peligroso vivir la postura defensiva protegiendo lo que tenemos. Pregúntele al hombre que enterró su talento (vea Mateo 25:18-28).

Nuestra tarea y destino es hacer avanzar el Reino, que viene con un paraguas de gracia y favor que trabaja para preservar nuestras vidas sin importar lo que suceda a nuestro alrededor. El momento en el que tomamos una actitud pasiva en nuestra búsqueda del Reino es el momento en el que nos exponemos a los temibles dardos de la decepción.

Cuanto más establezcamos estas verdades sobre la realidad en nuestra forma de pensar, más comprenderemos la prioridad de cuidar nuestros corazones. Nuestro destino comienza en él. Cuanto más observemos el rostro de Jesús con los ojos del corazón, más veremos en quién estamos convirtiéndonos. Cuanto más enfoquemos las energías y los pensamientos en nuestro destino, más crecerán nuestra pasión y convicción: "Estoy vivo para arder por Dios. Estoy vivo para darlo a conocer". Nuestra pasión y convicción nos dan ímpetu para buscar esta única cosa de la que fluyen todas las demás pasiones y propósitos. Nuestra búsqueda es aquello que hace que los Cielos nos lleven a ese destino.

Al transitar los varios desafíos y obstáculos en la carretera hacia mi destino, estoy poniendo atención a las luces de advertencia de mi corazón. Debo mantener mi conexión con la Fuente de la vida. En realidad, hay una sola luz: la luz del aceite. Es el aceite de su presencia el que me da todo lo que necesito y que me unge para cumplir mi propósito. Pero Él solo me da la medida de su presencia que yo estoy dispuesto a cuidar celosamente. Así que tengo que trabajar en la fortaleza de mi voluntad y de mi carácter para concentrar todas mis energías en llevar su presencia con excelencia. No puedo darme el lujo de tener un momento en la vida cuando las circunstancias me distraigan de avivar ese fuego en mi corazón, incluso una situación en la que debo avivar el fuego yo mismo.

Capítulo 3

Desactive el infierno con acción de gracias

La acción de gracias nos mantiene cuerdos y vivos.

Cuando volvimos a nacer, el deseo de complacer a Dios y de hacer su voluntad se volvió parte de nuestra naturaleza. No hay que generarlo; viene naturalmente. Lo que muchos creyentes no saben es que Dios no puso ese deseo en nosotros y luego hizo que su voluntad fuera algo tan oscuro que no pudiéramos descubrirla o lograrla. La voluntad de Dios se convierte instintivamente en la voluntad de los creyentes por medio de la relación íntima con Jesucristo.

La voluntad de Dios no es complicada. Muchas personas me piden que ore por ellos y me dicen: "Solo quiero saber cuál es la voluntad de Dios para mi vida". Suelo decirles que ya sé cuál es la voluntad de Dios. Se encuentra en la oración del Señor: "... hágase tu voluntad en la tierra como en el cielo" (Mateo 6:10). La voluntad de Dios es simplemente que la realidad del Cielo se convierta en la realidad de la Tierra.

NUESTRO ROL EN CUMPLIR "COMO EN EL CIELO"

Somos la autoridad delegada de Dios. Como tal, nuestra obediencia juega un papel importante en ver la voluntad de Dios cumplida en la Tierra. En 1 Tesalonicenses 5:16-18, Pablo nos instruye: "Estén siempre alegres, oren sin cesar, den gracias a Dios en toda situación, *porque esta es su voluntad* para ustedes en Cristo Jesús" (énfasis del autor). Hay dos cosas notorias en estas palabras. Primero, la voluntad de Dios no está meramente enfocada en si nos convertimos en médicos o en maestros, o en si se supone que almorcemos emparedados de atún o de mantequilla de maní. Está enfocada en lo que hacemos para posicionar nuestro corazón en relación con Él en todo momento, en toda circunstancia. Segundo, estar alegres, orar y agradecer son todos actos de *nuestra* voluntad que, particularmente en momentos de dificultad, debilidad e incertidumbre, requieren de fe.

Hay actividades que atraen nuestro foco hacia el Cielo para concordar con lo que es cierto, sin importar lo que sintamos o percibamos con nuestros sentidos físicos y nuestras emociones. Y como nuestro acuerdo es lo que atrae la fuerza y la realidad del Cielo a nuestras vidas y circunstancias, tiene sentido que estas actividades cumplan la voluntad de Dios expresada en la oración del Señor: "En la tierra como en el cielo". La transformación del corazón es el primer paso para traer el Cielo a la Tierra.

Debido a que estar alegres, orar y agradecer atraen al Cielo, son herramientas vitales para fortalecernos en el Señor. Notarán que se supone que todas estas cosas estén continuamente en progreso en nuestras vidas. No están reservadas para las crisis o las fiestas. Son un estilo de vida, así como lo son las herramientas que usamos para ministrarnos a nosotros mismos. Una gran razón para esto es que, en medio de una crisis o dificultad, suele ser difícil, si no imposible, sentarse y razonar cómo deberíamos responder. La dificultad logra exponer el grado al cual nuestras vidas y mentes han sido transformadas en verdad por una perspectiva celestial para que ciertas respuestas sean habituales. Las cosas que practicamos como estilo de vida nos equipan para las dificultades.

En los dos capítulos que siguen, compartiré algunas de las formas en que el Señor me ha enseñado a *estar alegre* y a *orar*, así como las perspectivas que adquirí sobre cómo y por qué aquellas cosas traen fortaleza. Por ahora, aquí hablaré de *dar gracias*.

Dar gracias está en consenso con el Cielo porque reconoce la verdad de que nuestras vidas son un don de Dios y que Él es el soberano sobre todas las cosas. Dios es extravagantemente generoso, y la vida que Él nos dio a experimentar en este planeta no es una vida de supervivencia, sino de abundancia y de bendición. Pero no podremos experimentar esa vida a menos que reconozcamos adecuadamente qué se nos ha dado. Esa es la realidad de recibir un don. Si no comprendemos lo que se nos ha dado, no comprenderemos su propósito ni podremos experimentar sus beneficios.

Imaginen la mañana de Navidad. Usted ha pasado los últimos meses haciendo compras y seleccionando regalos singulares para cada uno de los miembros de su familia que demuestran el conocimiento íntimo que tiene de sus intereses y deseos. No ha escatimado en gastos para comprar obsequios de la mayor calidad que serán a la vez para disfrute y beneficio de cada persona. Pero, cuando su familia se acerca al árbol de Navidad, una persona ignora completamente los regalos. Otra persona abre su obsequio, pero comienza a usarlo para otra cosa y no para el fin para el que fue hecho. Una tercera persona sostiene el paquete en sus manos y se niega a abrirlo. Y, para empeorar las cosas, ninguno de ellos siquiera reconoció que fue usted quien entregó esos obsequios. ¿Puede ver cómo estas respuestas no son solo tontas, sino también profundamente dañinas para la relación?

Tristemente, es así como muchos cristianos responden a los regalos de Dios, particularmente a los dones del Espíritu. Por eso, muchas personas no reciben lo que el Señor les ha ofrecido porque no comprenden qué son los dones o cómo usarlos. Dicen cosas ridículas como: "Hablar en lenguas es el menor de los dones, así que no necesito concentrarme en él". Si mis hijos dijeran esto sobre uno de los regalos que puse bajo el árbol para ellos, me sentiría muy triste. Yo diría: "¡Es tuyo! No me importa cuán pequeño creas que es. Lo compré pensando en ti y yo no hago regalos baratos. Si lo abres, te mostraré qué es y cómo usarlo". Tal rechazo de los dones es arrogancia absoluta.

Dar gracias tiene una actitud de humildad. Dar gracias es la única manera adecuada de recibir lo que Dios nos dio porque honra nuestra relación con Él expresando confianza en su bondad, incluso si todavía no comprendemos lo que hemos recibido. Dios nos da "toda buena dádiva y todo don perfecto" por dos razones principales. Lo hace para que prosperemos y podamos tener éxito en la vida y para demostrar su amor como una invitación a tener una relación. Cuando practicamos dar gracias como estilo de vida, reconocemos que los dones que recibimos del Señor vienen con este propósito. Dar gracias nos pone en camino a conocer a Dios en una relación y a descubrir las razones por las cuales nos hizo.

EL GRAN PRECIO DE UN POCO DE GRATITUD

Cuando Dios nos dice que le demos gracias, no está insinuando que Él da para obtener algo de nosotros. No nos manipula con sus dones. Quiere que le agradezcamos porque el agradecimiento reconoce la verdad sobre nuestras vidas. Y cuando estamos en consenso con la verdad, entonces esta nos hace libres para ver y manifestar la grandeza que Él puso en nosotros como seres a quienes ha hecho a su semejanza. Cuando no damos gracias a Dios, en realidad estamos separándonos de quiénes somos. Eso es lo que Pablo explica en Romanos 1:18,20-21:

> Ciertamente, la ira de Dios viene revelándose desde el cielo contra toda impiedad e injusticia de los seres humanos, que con su maldad obstruyen la verdad. (...) de modo que nadie tiene excusa. A pesar de haber conocido a Dios, no lo glorificaron como a Dios *ni le dieron gracias*, sino que se extraviaron en sus inútiles razonamientos, y se les oscureció su insensato corazón (énfasis del autor).

Pablo dice, básicamente, que Dios no ha mantenido en secreto quién es Él. Conocerlo no es difícil. Es la cosa más obvia del mundo. Todo lo que hay que hacer es glorificarlo como Dios y darle gracias. Como está en consenso con la verdad, esta respuesta nos da acceso libre a los vastos tesoros del conocimiento de Dios. Pero, sin esa respuesta, nuestros pensamientos se vuelven inútiles y nuestros corazones se oscurecen. *Inútil* significa "sin propósito". Cuando no mantenemos la respuesta de dar gracias por todo en nuestras vidas, nuestros pensamientos se alejan de nuestro propósito en Dios. Cuando perdemos de vista nuestro propósito, inevitablemente hacemos elecciones que están fuera de las intenciones de Dios para nuestras vidas, lo cual puede ser solamente destructivo porque trabaja en contra de lo que Él diseñó para nosotros. Un corazón oscuro es un corazón que no puede percibir la realidad espiritual. No está movilizado por los deseos y los afectos del Señor y, por ende, no puede responder a su invitación a una relación, que es la fuente de la vida. Como Pablo sigue explicando en Romanos, capítulo 1, un corazón oscuro pervierte nuestros deseos y nos lleva a toda clase de pecados que degradan nuestra identidad y nuestras relaciones. Los pecados más perversos conocidos por el hombre entraron por una puerta que dejó abierta la ausencia de gratitud.

LA NATURALEZA PURIFICADORA DE DAR GRACIAS

Como dar gracias nos mantiene cuerdos y vivos porque nos conecta con la fuente de nuestra vida y propósito, tiene sentido que Pablo nos instruya que demos gracias "en toda situación". La acción de gracias nos mantiene cuerdos y vivos. Pero hay una dimensión específica de dar gracias que es particularmente poderosa en tiempos de dificultad y adversidad. Encontramos este principio en la primera carta de Pablo a Timoteo.

> El Espíritu dice claramente que, en los últimos tiempos, algunos abandonarán la fe para seguir a inspiraciones engañosas y doctrinas diabólicas. (...) no permiten comer ciertos alimentos que Dios ha creado para que los creyentes, conocedores de la verdad, los coman con acción de gracias. Todo lo que Dios ha creado es bueno,

y nada es despreciable si se recibe con acción de gracias, porque la palabra de Dios y la oración lo santifican.

1 TIMOTEO 4:1,3-5

La comida era uno de los mayores "asuntos controversiales" con los que la Iglesia del primer siglo luchó, en particular respecto de comer alimentos ofrecidos a los ídolos. Tanto los creyentes judíos como los gentiles temían que esta comida estuviera profanada porque había sido dedicada a espíritus demoníacos. Los falsos maestros de la época explotaban esta superstición y causaban toda clase de sumisión y división. Resulta curioso que, en este pasaje, Pablo no desacredita esta superstición ni dice que dedicarles comida a los ídolos no tiene poder. Simplemente dice que combinar la acción de gracias con La Palabra y la oración es suficientemente poderoso para desautorizar esa dedicación y crear una más fuerte: una dedicación al Señor. Dice que la acción de gracias *santifica* todo lo que toca.

La acción de gracias nos mantiene cuerdos y vivos.

La santificación es un tema significativo en toda La Escritura. En el Antiguo Testamento, estaba asociada principalmente con los rituales específicos que Dios prescribía para apartar instrumentos, vasijas y piezas de mobiliario variados para que los sacerdotes usaran en el Tabernáculo de Moisés y más tarde en el Templo de Salomón. Después de que un orfebre terminaba de modelar un recipiente para ser usado en los sacrificios, por ejemplo, se lo rociaba con sangre del altar. Desde ese momento, jamás se lo usaba para otra cosa más que para servicios sacerdotales en el Templo. Era apartado completamente para Dios –santificado–. En el Nuevo Testamento, los creyentes son santificados por la sangre de Jesús y separados para Dios. Esta santificación es aún más poderosa porque no nos convertimos meramente en vasijas para que Él nos use para lograr sus propósitos. El mismísimo proceso por el cual su vida, su poder y su amor fluyen en nosotros es el proceso que nos transforma a su semejanza. Nos convertimos en *uno* con Aquel para el que fuimos separados.

Cuando Pablo dice que la acción de gracias santifica la comida impura, está diciendo que la separa para Dios y para sus propósitos. Dar gracias cambia la mismísima naturaleza del alimento y lo convierte en algo sagrado. Esta verdad se extiende más allá de la comida impura. Se extiende a cada situación en las que encontramos que otros poderes traban además del poder de Dios. Es vital recordar que no todo lo que sucede en la vida es voluntad de Él. Él no causó la crisis que una nación o una persona esté enfrentando. Él *no puede* dar cosas que no son buenas porque no las tiene. Alguien solo puede dar lo que tiene. Dios solo da dones buenos, porque Él es bueno y solo puede dar obsequios buenos. Entonces dar gracias en toda situación no significa decir que la adversidad provino de Dios. Pero dar gracias en medio de una situación adversa, una dificultad que intenta obstaculizar nuestra fe y destruirnos, nos permite tomar las riendas de la situación y separarla para Dios y su propósito. Cuando damos gracias, el arma que el enemigo intentaba usar para separarnos de nuestro propósito divino llega a nuestras manos y se convierte en la mismísima cosa que nos acerca más a ese propósito. Jesús declaró que Él nos envía al mundo con la misma misión que el Padre le dio: destruir las obras del diablo (vea 1 Juan 3:8). Dar gracias logra la justicia divina del Reino, ya que el enemigo es destruido por la mera cosa que intentaba usar para nuestra destrucción. ¡El solo hecho de saber que podemos participar en la destrucción de los propósitos del enemigo debería movilizarnos a dar gracias!

LIBEREMOS JUSTICIA

Uno de los ejemplos más claros de justicia divina de Las Escrituras se encuentra en el libro de Ester: la historia de Amán, quien fue colgado en la misma horca que él había construido para destruir a

Mardoqueo. Más tarde, esta justicia se completó aun más cuando Mardoqueo asumió el puesto de Amán en la corte del rey. Lo maravilloso de esta historia es que Mardoqueo no tuvo que hacer justicia él mismo. Simplemente mantuvo su foco en su deber para con el rey pagano y su pueblo. Esta es la naturaleza de la guerra en el Reino. Nosotros no peleamos enfocados en el diablo. Mantenemos nuestro foco en el Rey y en su Reino, y el diablo no puede evitar ser derrocado por el gobierno de Dios que crece en nosotros. Esto ilustra otra razón por la cual dar gracias es poderoso en momentos de adversidad.

El Salmo 100:4 dice: "Entren por sus puertas con acción de gracias…". La acción de gracias nos trae a la presencia manifiesta de Dios y nos conecta con lo que Él hace y dice en medio de nuestras circunstancias. Dar gracias nos ayuda a establecer nuestro foco en Él para que nuestra percepción cambie de la realidad terrenal a la realidad celestial, algo que debemos hacer para liberar la fortaleza del Cielo en nuestras circunstancias.

CÓMO MANTENER MI PERCEPCIÓN DE DIOS

Me propuse vivir de tal forma que nada se vuelva más grande que mi conciencia de la presencia de Dios. A veces un conflicto puede ser tan simple como las malas noticias en la televisión. Si comienza a pesar en mi corazón y a crecer más que mi percepción de Dios, guío conscientemente mi afecto hacia Él para volverme más consciente de su presencia. Si eso no funciona, apago la televisión o abandono la habitación para redirigir mi foco hasta que mi conciencia de Él sea mayor que aquella que pesa en mi corazón. No puedo simplemente saber en mi cabeza que Él es más grande; tengo que tener todo mi ser en una posición en la cual estoy consciente de su presencia y espero que su mundo invada mi vida y mis circunstancias. Si no mantengo esta expectativa, espero que otras fuerzas sean las principales movilizadoras de mi vida y comienzo a vivir a la defensiva en lugar de a la ofensiva.

Cuando me mantengo cerca de la presencia de Dios por medio de la acción de gracias, no solo me vuelvo consciente de su habilidad absoluta de invadir lo imposible, ¡sino que siento su amor radical y su deleite en mí! Al dar gracias por los dones buenos que puso en mi vida, presento evidencias convincentes de que Él es mi Padre, y su opinión básicamente cancela todas las demás. Lo maravilloso es que, cuando comenzamos a dar gracias, incluso cuando parece difícil recordar una oración respondida, enseguida nuestro *foco* en lo bueno de nuestras vidas abre paso al gozo del Señor. Y el gozo del Señor es nuestra fortaleza. Creo que Santiago hablaba de dar gracias cuando dijo que nos *consideráramos* muy dichosos cuando tuviéramos tribulaciones, porque dar gracias suele incluir hacer un inventario de los dones de Dios en nuestras vidas. ¡Es muy simple! Si quiere descubrir la habilidad de dar gracias para traer fortaleza en los tiempos difíciles, necesita seguir *haciendo inventario* de estas cosas *hasta* llegar a la conclusión de que... ¡es momento de regocijarse! Es muy difícil permanecer deprimido por las circunstancias cuando se está lleno con la conciencia del amor y de la bondad de Dios que rodea y alienta nuestras vidas.

Hay un nivel de vida que podemos alcanzar donde practicamos dar gracias como estilo de vida –un lugar donde recordamos las oraciones respondidas–. Cuando llega la dificultad, tenemos un inventario enorme de bendiciones accesibles para acercarnos instantáneamente a la presencia de Dios, así como el gozo y el deleite que Él siente por nosotros. Esa es una realidad más grande que cualquier acusación, crisis o conflicto que pudiera atravesarse en nuestro camino. Cuando aprendemos a vivir en este reino, nada puede alejarnos de nuestro propósito. Incluso el enemigo nos ayuda a lograrlo. Desde la perspectiva celestial, ¡es razonable dar gracias "en toda situación"!

Capítulo 4

El momento
del progreso personal

La obediencia física trae progreso espiritual.

Como pastor joven en Weaverville, tuve más "lunes tristes" de los que hubiera deseado. Sin importar qué cosas maravillosas habían sucedido el domingo, a veces solo podía recordar lo que había faltado en el servicio. Mis caídas en el desánimo eran incentivadas por las comparaciones que hacía entre mis héroes espirituales y yo. Siempre me gustó leer acerca de los evangelizadores y los grandes hombres y mujeres de la fe –gente como John G. Lake, Charles Finney o Rees Howells–. Pero cuando comenzaba a compararme con ellos, encontraba que mi fe siempre era insuficiente y enseguida iniciaba una caída en picada sobre las diferencias obvias entre ellos y yo. El grandioso libro de Rees Howells, *Intercesor*, hizo que me preguntara si siquiera estaba respirando y mucho menos si era salvo. El foco de mis limitaciones no me ayudaba a sentirme mejor, en especial cuando había problemas reales que enfrentar como pastor. La traición, el abandono, el rechazo y la acusación parecían venir con el puesto. Solía sentir que había una enorme nube negra sobre mí. Tenía el tino suficiente para saber que el desánimo y la depresión no eran cosas buenas, por eso lograba obtener la victoria antes del domingo siguiente, porque estaba convencido de que nuestro tiempo juntos en la casa del Señor debía ser un día de celebración; sin embargo no sabía cómo vivir así. Todavía.

LA PRIORIDAD MÁXIMA

Una de las prioridades que ya se habían establecido en mi corazón de joven era la prioridad de la adoración. Mi padre enseñó a su familia y a su congregación que nuestra identidad como creyentes es primero como adoradores. Esto significaba que nuestro trabajo principal es ministrarle al Señor y que todo lo que hacemos en el servicio a la gente debe ser un desbordamiento y una consecuencia natural de ese ministerio primario. No solo eso, sino que enseñó y demostró que debemos modelar nuestra alabanza y nuestra adoración de acuerdo con la definición y la descripción en los Salmos, que incluye expresión física, como bailar, gritar, aplaudir, saltar y hacer sonidos de alegría. Enfatizar los patrones bíblicos de alabanza constituía un gran cambio de paradigma en la iglesia normal de entonces. Al comienzo de este cambio, mucha gente se resistía a tales demostraciones. Estaban arraigados a la idea de que llorar y lucir serios eran las únicas manifestaciones genuinas de la espiritualidad verdadera. Yo coincidía con mi padre en que debíamos hacer lo que decía el Libro, pero mi problema era salirme de mi caja de "personalidad reservada" –esto fue hasta que me di cuenta de que Dios nos manda que lo hagamos y que no nos mandaría hacer algo que Él no hubiera puesto en nuestra nueva naturaleza–. Eso significa que mi personalidad verdadera en Cristo incluye la capacidad de demostrar mi amor por Dios por medio de expresiones exigidas por La Biblia. Es quien soy. Permitir que mi imagen de mí mismo de ser reservado y callado me robe la experiencia de mi nueva naturaleza que tiene la libertad de expresar externamente mi gozo en Dios es una injusticia espiritual. No estoy dispuesto a aceptar esa mentira. Como resultado, comencé a bailar con gozo ante el Señor en privado mucho antes de ver a alguien hacerlo en un servicio.

Como descubrí, la alabanza no es agradable para la carne, lo cual puede ser una de las razones por las que es tan poderosa a la hora de remover esa nube de opresión. El enemigo se fortalece con el consentimiento humano. Acordar con cualquier cosa que él dice le da lugar para matar, robar y destruir. Promovemos la nube de la opresión cuando nos ponemos de acuerdo con nuestro enemigo. La alabanza, con el regocijo, cancela ese consenso.

LA INTROSPECCIÓN MATA LA VIDA DE ALABANZA

La alabanza es una de las herramientas principales con las que Dios me había equipado cuando yo era joven para fortalecerme en el desánimo de mis primeros años como pastor. Podía estar cuestionando un millón de cosas sobre mi vida, pero jamás tuve que cuestionar si estaba en el lugar adecuado cuando alababa a Dios. Se convirtió en mi respuesta automática cuando caía en la niebla de la confusión y la depresión. En Weaverville, nuestra casa estaba detrás de la iglesia, así que a menudo iba al santuario por la noche, ponía música de alabanza en el equipo de sonido y pasaba tiempo adorando y alabando al Señor. A veces permanecía allí hasta el amanecer. Bailaba, gritaba y básicamente me obligaba a hacer cualquier cosa que *no tuviera ganas* de hacer. El salmista David escribió: "Bendice, alma mía, a Jehová". Le manda a su propia alma que se ordene y dé gloria a Dios. Es importante que aprendamos cómo hacer que nuestras almas, e incluso nuestros cuerpos, se sometan a los propósitos de Dios. En ese entonces, me aseguraba de que la intensidad de mi alabanza fuera igual en proporción al tamaño de la nube sobre mi cabeza. Cada vez, llegaba un punto en el que algo dentro de mí cambiaba, y yo ya no estaba haciendo un esfuerzo. Mi mente, mi voluntad, mis emociones y mi cuerpo se llenaban completamente con la convicción de lo que estaba declarándole al Señor. También notaba que la nube sobre mi cabeza había desaparecido, ¡y que yo estaba vivo en Dios!

Llegué a entender que la nube no estaba solo *sobre* mi cabeza, estaba *dentro* de mí. Pensaba erróneamente que concentrarme en mi falta y compararme con los demás era una postura de humildad. De hecho, era lo opuesto. En lugar de concentrarme en la grandeza de Dios en mi vida, estaba enfocándome en mí mismo. Estaba consensuando con el enemigo haciendo que mis propios problemas fueran más grandes que las promesas de Dios. Y mi consenso invitaba a esa nube de opresión a rondar sobre mí.

La única manera de quebrar el acuerdo con la mentira es el *arrepentimiento*, lo que significa cambiar la forma de pensar. En ese lugar de alabanza, alimentaba a mi mente con la verdad de la naturaleza de Dios *hasta* que creaba un nuevo acuerdo con la realidad espiritual. Cuando ese consenso se establecía, la realidad comenzaba a manifestarse en mis emociones, mi mente y mi cuerpo. Pero también llegaba a entender más profundamente por qué mi padre nos había enseñado a *hacer* lo que Las Escrituras decían sobre la alabanza. Concordar con el Cielo requiere de más que arrepentimiento mental. Se necesitan pruebas físicas para hacer que el arrepentimiento sea una realidad con obligatoriedad jurídica. Al alinear mi cuerpo físico con lo que La Palabra dice, llevaba a todo mi ser a estar de acuerdo con la verdad. Al hacerlo, experimentaba el principio de que la obediencia física trae el progreso espiritual. Esto puede parecer un poco retrógrado para aquellos de nosotros que odiamos la idea de cumplir por inercia con todas las formalidades religiosas y que deseamos ser "auténticos" en nuestra alabanza. La obediencia física trae progreso espiritual. Pero la medida de autenticidad no es lo que uno siente o piensa. Esas cosas están alineadas o no con la realidad auténtica. Y, si no lo están, Las Escrituras nos dicen que llegamos a ese lugar *moviéndonos*. Algunos dicen que es hipócrita hacer algo que uno no tiene ganas de hacer. Yo creo que es hipócrita hacer solo lo que tengo ganas de hacer y llamarme un creyente que cree. Las acciones correctas liberan las emociones correctas y los pensamientos correctos.

Pero ¿por qué es correcto cantar, gritar, bailar y saltar? ¿Por qué parece Dios querer estas expresiones radicales más que la reverencia silenciosa y sobrecogida? Mientras que obviamente hay un momento

> *La obediencia física trae progreso espiritual.*

para lo último, los actos de *celebración* obtienen más prensa en las descripciones del salmista de cómo abordar a Dios. La razón: Dios es un Dios digno de celebración. Todas sus acciones y todos sus pensamientos para con nosotros son expresiones extravagantes de su amor, amabilidad, bondad y deleite en nosotros; y nos lo da todo no solo para bendecirnos por un momento, sino para invitarnos a entrar en la profunda bendición de conocerlo. Él se deleita en nosotros, por eso quiere que nosotros nos deleitemos en Él. Se regocija por nosotros con cantos (vea Sofonías 3:17), por eso quiere que nosotros nos regocijemos por Él con cantos. Cuando le damos a Dios lo que Él nos da a nosotros, damos un paso adelante en nuestra relación con Él, profundizamos nuestra conexión con la fuente de vida.

No solo eso, sino que, cuando hacemos lo que Dios hace, alinear nuestros cuerpos, espíritus y almas con lo que Él dijo, se libera su naturaleza, que fluye hasta nosotros en ese lugar de intimidad. El Espíritu Santo es la persona más gozosa que existe, y el gozo es una de las expresiones primarias de su Reino en nuestras vidas (vea Romanos 14:17). ¡Su mandamiento de "regocijarnos siempre" es realmente una expresión de su deseo de que nosotros tengamos gozo! Simplemente está diciéndonos cómo recibirlo. No solo nos regocijamos *porque* tenemos gozo, también nos regocijamos en nuestra *búsqueda* del gozo.

LA IMPORTANCIA DE MINISTRARLE A DIOS

En el capítulo anterior, expliqué por qué dar gracias debería llevar naturalmente a regocijarnos cuando seguimos las instrucciones de Santiago de "considerarnos muy dichosos". Cuando pensamos en todo lo que Dios ha hecho, no deberíamos detenernos en simplemente darle gracias. En cada uno de los actos de Dios, hay una revelación de su naturaleza. Al ver la naturaleza de Dios –su extravagancia, gozo, amor, fidelidad, bondad y poder–, la única respuesta sensata es alabarlo. La alabanza y el regocijo son dos caras de una misma moneda, como vemos en el Salmo 9:2: "Quiero alegrarme y regocijarme en ti, y cantar salmos a tu nombre, oh Altísimo". Es difícil alabar efectivamente sin regocijo, sin incorporar nuestro cuerpo, mente y espíritu a una expresión de celebración. No podemos regocijarnos sin tener razón, y la razón es la naturaleza de Dios, revelada en su relación con nosotros, que declaramos en nuestras alabanzas. Cuando Dios dice "regocíjense siempre", la implicación es que debemos establecer la alabanza como estilo de vida.

La alabanza que fluye de dar gracias se describe en Hebreos 13:15 como un "sacrificio". Este versículo nos da lineamientos sobre qué clase de actividades califican genuinamente como alabanza. Primero, la alabanza debería costarnos algo. Solo entonces es una respuesta apropiada para el Dios que nos dio el costoso obsequio de su propio Hijo. Cuando yo me forzaba a regocijarme en esas noches solo en el santuario, le ofrecía a Dios mi tiempo, mi concentración y mi comodidad. Estaba dando un paso más allá de lo que era conveniente y más allá de las presiones de mis circunstancias. Eso es lo que hacía que el acto de alabar fuera una experiencia costosa. Segundo, un sacrificio de alabanza debería siempre requerir de fe porque es imposible alabarlo a Él sin tener fe. Hebreos 11:4 explica: "*Por la fe Abel ofreció a Dios un sacrificio más aceptable que el de Caín...*" (énfasis del autor).

Ciertamente, regocijarse requiere de fe cuando es la última cosa que tenemos ganas de hacer o cuando no parece tener sentido en nuestras circunstancias presentes. No requiere de mucha fe bajar la cabeza y cantar *Tú eres digno* cuando realmente estamos pensando: "¡No valgo nada!". Regocijarse verdaderamente en Él requiere que nos paremos firmes en la verdad que ya aceptamos por Él en el lugar donde estamos. Regocijarse requiere que reconozcamos que su bondad y fidelidad son más reales que nuestra dificultad presente. ¡Requiere especialmente que lleguemos a la conclusión de que nuestra vida no se trata de nosotros!

Solo el regocijo que demanda que estemos de acuerdo con la perspectiva de Dios en nuestra situación es el sacrificio de alabanza que lo complace a Él y que tiene el poder de transformarnos. Es la expresión de nuestra fe. A veces ese regocijo es lo que David describe en el Salmo 2:11: "... con temblor ríndanle alabanza". En otras palabras, no hay que sentirse lleno de fe para regocijarse: simplemente hay que hacerlo.

Mientras que las naturalezas de la alabanza y del dar gracias son diferentes, siempre deberían ir juntas, porque son pasos secuenciales hacia fortalecernos a nosotros mismos en su presencia manifiesta. El Salmo 100:4 dice: "Entren por sus puertas con acción de gracias; vengan a sus atrios con himnos de alabanza". Este versículo es un mapa de ruta hacia la presencia de Dios. Por lo tanto, nuestra meta debería ser mantener la acción de gracias y la alabanza hasta que todo nuestro cuerpo esté vivo en presencia de Él. Pero también tenemos que recordar en ese momento que el foco no cambia de ministrarle a Dios a que nosotros consigamos lo que queremos.

Dar gracias y alabar son herramientas para fortalecernos a nosotros mismos no porque pueden ayudarnos a obtener algo del Señor, sino porque nos reconectan con nuestro propósito principal: ministrarle a Él en alabanza. Son cosas que nos llevan a su presencia; y la verdadera adoración es algo que solo sucede en ese lugar de comunión con su presencia. En la adoración, el sacrificio deja de ser una expresión física o una declaración verbal. Nosotros *somos* el sacrificio, y el fuego siempre cae sobre él. Y cuando nosotros somos ese sacrificio, no podemos evitar ser cambiados.

EL SACRIFICIO QUE NOS HACE RICOS

¿Recuerda a la mujer con el frasco de alabastro que lo ministró a Jesús? Las Escrituras nos dicen dos cosas sobre este frasco: que valía un año de haberes (probablemente el único bien financiero de esta mujer) y que podía ser usado solo en una ocasión –porque estaba en un contenedor que debía ser roto para ser abierto–. No solo derramó todo el contenido sobre Jesús, sino que lo hizo con una demostración de afecto muy pública, llorando sobre sus pies y secándolos con su cabello. Este acto extremo provocó una ofensa exagerada en todos los presentes, incluidos sus discípulos. Estaban avergonzados por su emoción y desagradados por el derroche de dinero. Pero Jesús tenía una perspectiva diferente. Explicó que ella lo había ungido para su entierro, lo que implicaba que ella tenía más comprensión de la identidad verdadera de Él que cualquier otra persona. Esta mujer le había dado exactamente la clase de adoración que Él merecía, acto que demostraba la fe de ella. Y no solo eso, cuando todos abandonaron la casa, Jesús no fue el único empapado en la fragancia hermosa, el aroma había impregnado a la mujer también.

Esto es lo que sucede cuando adoramos. No llegamos a la adoración diciendo: "Te doy esto para que podamos compartirlo". Como la mujer, adoramos para decir: "Todo es tuyo, Dios". Pero no podemos salir de ese lugar de comunión con Él sin estar impregnados de quién es Él. David dice que Dios es nuestra gloria y quien levanta nuestras cabezas (vea el Salmo 3:3). No podemos estar con Él sin tener la cabeza en alto para verlo. Y no podemos mirarlo y luego volver a mirar nuestras circunstancias con la misma perspectiva. También, no se puede experimentar el dominio de su gloria, que es el dominio de su provisión sobrenatural, sin recibir una medida de su gracia y fortaleza.

Una de las maneras principales en las que muchos creyentes necesitan renovar sus perspectivas es librándose de la idea de que ignorar intencionalmente los problemas que los rodean –o incluso aquellos que están dentro de ellos– para poder alabar y agradecer a Dios es irresponsable. Los creyentes suelen caer en la trampa de pensar que pueden encontrar una solución viendo el problema desde todos los ángulos y dejando que consuma su mundo. Pero sucede que los afectos de sus corazones los alejan del Señor al punto en que se preocupan más por el problema que por darle a Él lo que merece. Dejan que otras voces hablen más alto que la de Él, ¡y eso siempre es irresponsable!

Yo soy responsable ante Él primero y, por esta razón, decidí vivir en un estado saludable de negación. Cuando el diablo intenta llamar mi atención, le digo: "¡LLAMADA RECHAZADA!". Soy consciente de que constantemente hay situaciones alrededor de mí que, si no tengo cuidado, pueden causarme desaliento. La mayor parte del tiempo vivo a unos quince minutos del desaliento si hago una serie de elecciones equivocadas. Pero también sé que jamás tendré que volver a vivir con el desaliento como solía sucederme. He aprendido a ignorar los problemas lo suficiente para que no se conviertan en una amenaza para los afectos de mi corazón. Sé que no soy irresponsable porque Dios me ha prometido una y otra vez que, si soy fiel a quien Él me ha llamado a ser, en especial como adorador, Él estará más que feliz de traer las soluciones. Esto no significa que no debamos prestar atención a los problemas, pero debemos abordarlos desde la perspectiva de Dios.

LA ALABANZA TRAE UN ENCUENTRO DIVINO

Aquí hay algunas de las muchas promesas de Las Escrituras respecto de los beneficios que obtenemos cuando somos fieles en darle alabanza y adoración a Él. El Salmo 22:3 declara: "Pero tú eres santo, tú eres rey, ¡tú eres la alabanza de Israel!". Nuestras alabanzas crean una plataforma en nuestras circunstancias para que el Rey se siente en su trono y libere la realidad de su Reino. Y cuando este viene, siempre destruye el reino de la oscuridad. Es así como lo describe Isaías:

> Canten al Señor un cántico nuevo, ustedes, que descienden al mar, y todo lo que hay en él; canten su alabanza desde los confines de la tierra, ustedes, costas lejanas y sus habitantes. Que alcen la voz el desierto y sus ciudades, y los poblados donde Cedar habita. Que canten de alegría los habitantes de Selá, y griten desde las cimas de las montañas. Den gloria al Señor y proclamen su alabanza en las costas lejanas. El Señor marchará como guerrero; como hombre de guerra despertará su celo. Con gritos y alaridos se lanzará al combate, y triunfará sobre sus enemigos.

ISAÍAS 42:10-13

Básicamente está diciendo que, mientras Israel celebra y alaba a Dios, Él se encarga de ir a destruir a sus enemigos. ¡Qué buen convenio! Esto es lo que sucede cuando Dios está entronizado en nuestras alabanzas. Por ejemplo, no puedo llevar la cuenta de todos los testimonios que oí de personas que se perdieron en la presencia de Dios en alabanza para después darse cuenta de que habían sido sanados. Después de un servicio, dos individuos, sin relación entre ellos, vinieron a mí y me dijeron que habían sido sanados de los efectos prologados de una fractura de cuello que habían sufrido años antes. ¡Ambos estaban sentados en la misma sección del santuario y ambos fueron sanados durante la adoración!

Si estas personas estaban regocijándose "con temblor", Dios ciertamente les dio otra buena razón para regocijarse en Él con mucho gozo. Él está más que listo para convencernos de que es digno de nuestras alabanzas. Pero más que eso, está deseoso de que respondamos a su invitación a caminar en una relación madura con Él, una en la que nuestro foco principal, como el suyo, no sea *recibir*, sino *dar*. Los momentos de dificultad nos dan una oportunidad que no obtenemos de otra forma, y esta es la oportunidad de demostrarle amor de sacrificio por medio de ministrarle a Él en lugar de atender a nuestras necesidades apremiantes. En esos momentos, lo alabamos únicamente porque estamos convencidos de que conocerlo es razón para regocijarnos. Cuando el Señor ve esa exclusividad de corazón para Él, ese abandono completo, no puede mantenerse alejado. Esa clase de relación es la que hace que fortalecerse a uno mismo en Dios sea completamente opuesto a la autosuficiencia. Funciona con la lógica del Reino, que dice que debemos perder la vida para salvarla. Debemos dar para recibir. Si necesitamos fortaleza, nos entregamos tan completamente al Señor y a sus propósitos que Él se convierte en el único que puede darnos la fuerza sobrenatural que necesitamos.

Así que lo desafío a tomarse el tiempo cada día para mirar más allá de los problemas y las necesidades que lo rodean durante suficiente tiempo para darle a Dios una expresión extravagante de alabanza y regocijo. Le prometo que descubrirá que, mientras que sus bendiciones son asombrosas, *Él* es la mayor bendición de todas. También podría llegar a darse cuenta de que se está convirtiendo en una persona gozosa. Después de todo, Dios está de buen humor. Si se mantiene cerca de Él, ¡su gozo se le va a contagiar!

Capítulo 5

Libere las cosas ocultas

¡Dios transforma una cabaña decente en un lugar donde Él puede vivir!

U na de las metáforas más poderosas de Las Escrituras para los cristianos es que nosotros somos *la casa de Dios*. La realidad de que la sangre de Jesús abrió camino para que el Espíritu de Dios mismo viva dentro de nosotros es absolutamente asombrosa. Pero Dios se mudó a una casa que necesita ser limpiada y remodelada, por así decirlo. Por lo tanto, en el momento en que elegimos seguir a Cristo, nos inscribimos en un proceso de transformación permanente de nuestras vidas que funciona para convertirnos en una casa que realmente puede expresar la gloria y la naturaleza de Dios en el mundo. Pedro lo dice así:

> ... también ustedes son como piedras vivas, con las cuales se está edificando una casa espiritual. De este modo llegan a ser un sacerdocio santo, para ofrecer sacrificios espirituales que Dios acepta por medio de Jesucristo.
>
> 1 PEDRO 2:5

Pablo explica en Romanos 12:1-2 que esta transformación continua tiene lugar primero en las dimensiones de nuestra mente, que debe ser renovada, y en nuestro cuerpo, que debe ser entregado como "sacrificio vivo". La razón: sin un corazón entregado, una mente renovada y un cuerpo rendido, no podemos cooperar completamente con el Espíritu Santo, que es el arquitecto y constructor que trabaja en nuestras mentes. C. S. Lewis describe este proceso de construcción en *Mero cristianismo*:

> Imagínese a sí mismo como una casa viviente. Dios viene a reconstruir esa casa. Al principio, quizá, usted pueda entender lo que Él está haciendo. Está arreglando las tuberías y sellando las goteras en el techo y demás: usted sabía que esas cosas eran necesarias, así que no se sorprende. Pero ahora comienza a sacudir la casa de tal manera que le provoca dolores abominables y que no parecen tener sentido. ¿Qué rayos trama? La explicación es que está construyendo una casa bastante diferente de la que usted tenía en mente –está agregando un ala aquí, construyendo otro piso aquí, elevando torres, plantando jardines–. Usted pensó que lo convertiría en una cabaña decente; pero Él está construyendo un palacio. Su intención es venir a vivir en él[1].

Él transforma una cabaña decente en un palacio.

La clave en esta ilustración es que debemos comprender la "explicación" de lo que Dios está haciendo –sus propósitos al transformarnos–. Si nuestras mentes no están renovadas para cooperar con sus propósitos, aún seguiremos usando el "pensamiento basura" de nuestro hombre carnal, que, como Pablo nos dice, es "... enemig[o] de Dios..." (Romanos 8:7). Es algo aleccionador, pero renovamos nuestras mentes y nos convertimos en colaboradores del Señor, ¡o nuestras mentes estarán en contra de Él! No hay terreno neutral. Rechazar la mente de Cristo extingue al Espíritu Santo y sabotea la construcción que hace en nuestras vidas. ¡Él transforma una cabaña decente en un lugar donde Él puede vivir!

LA CONSTRUCCIÓN DEL EDIFICIO DEL PROPÓSITO DIVINO

Como ya hemos visto, fortalecernos en el Señor está enfocado en alinear nuestros corazones, mentes y cuerpos con los propósitos de Dios, que resultan en nuestra fuerza para ser fieles a ese propósito cuando enfrentamos dificultades y oposición. La palabra *fortalecimiento* en sí misma es parte del lenguaje de la construcción que se está llevando a cabo en nuestras vidas. Es interesante notar que, en casi todo el Nuevo Testamento, no somos nosotros los que estamos construyendo. Dios está haciendo el edificio, así como los hombres y las mujeres a los que Él encomendó para hacer discípulos en su Cuerpo. Por ejemplo, Pablo se describe como un "maestro constructor" que echó los cimientos de la casa de Dios, la comunidad a la que redimió, en Corinto (vea 1 Corintios 3:10). Sin embargo, hay dos versículos específicos que describen algo que hacemos para construirnos a nosotros mismos. Judas escribe: "Ustedes, en cambio, queridos hermanos, manténganse en el amor de Dios, edificándose sobre la base de su santísima fe y orando en el Espíritu Santo" (Judas 20). Yo creo que "orando en el Espíritu Santo" aquí se refiere específicamente a orar en lenguas y que Judas asocia esta actividad en particular con construir nuestra propia fe. La razón por la que creo esto es porque la misma idea se expresa en 1 Corintios 14:4: "El que habla en lenguas se edifica a sí mismo...". La palabra *edificar* significa construir. Tiene la misma raíz que la palabra *edificio*. Como enseña Lance Wallnau, cuando oramos en lenguas, estamos construyendo un edificio interno de fe a partir del cual se hacen manifiestos los propósitos de Dios.

¿Cómo edifica nuestra fe orar en lenguas? Para responder a esto, primero debemos comprender qué estamos haciendo cuando oramos en lenguas. Pablo explica lo siguiente: "Porque el que habla en lenguas no habla a los demás sino a Dios. En realidad, nadie le entiende lo que dice, pues habla misterios por el Espíritu" (1 Corintios 14:2). Cuando hablamos en lenguas, usamos nuestras voces para articular las expresiones de nuestro espíritu, mientras que está en comunión con el Espíritu Santo. Esto es poderoso porque nuestro espíritu ora en consenso perfecto con Dios, ya que habla desde la nueva naturaleza que recibimos cuando renacemos. Al incorporar nuestra alma con nuestro cuerpo físico en lo que nuestro espíritu está diciendo, nos ponemos más de acuerdo con el Espíritu Santo. Mantener la oración lleva al mismo progreso que experimentamos cuando expresamos alabanza físicamente: nos volvemos conscientes de la presencia manifiesta de Dios. O podríamos decir que nuestros cuerpos y mentes comienzan a vivir una medida aumentada de la realidad de que nuestro espíritu ya está experimentando la presencia del Señor.

DEVELEMOS LOS SECRETOS POR MEDIO DE LA ORACIÓN

En particular, orar en el Espíritu nos da acceso a la realidad de que Él nos enseña cómo pensar y orar. Jesús les explicó a sus discípulos que, después de ascender, su Padre les enviaría el Espíritu para este propósito específico:

> Pero cuando venga el Espíritu de la verdad, él los guiará a toda la verdad, porque no hablará por su propia cuenta sino que dirá solo lo que oiga y les anunciará las cosas por venir. Él me glorificará porque tomará de lo mío y se lo dará a conocer a ustedes.
>
> JUAN 16:13-14

Esta es una promesa gloriosa, pero tenemos que comprender que el Espíritu Santo no habla por un megáfono ni es la única voz que compite por nuestra atención. Para conectar nuestras mentes a la frecuencia en la que Él está hablando, tenemos que asumir la postura de escuchar como consecuencia de bajar el volumen de nuestros propios pensamientos y a esperar. Yo lo llamo *reclinarnos hacia su voz*.

Orar en lenguas es una herramienta poderosa que puede cambiar nuestro foco de las cosas que nos distraen, mientras que, al mismo tiempo, puede ayudarnos a ser conscientes de su presencia y a reclinarnos hacia su voz.

Esta postura invita al Espíritu de revelación a alumbrar los "ojos del entendimiento" (vea Efesios 1:18, RVR60). Comprensión es algo que cada persona desea tener por naturaleza. En especial, queremos comprender las razones por las que suceden las cosas en la vida, particularmente en momentos de tragedia y de crisis. Nunca es legal inventar nuestras propias razones cuando no parecemos poder reconciliar nuestra comprensión de Las Escrituras con lo que vemos a nuestro alrededor. A veces los pastores y otras personas en el ministerio ceden ante esta presión intentando explicar algo que Dios no está explicando. Se crea mucha mala teología en tales momentos de presión –complace al hombre porque le trae una paz artificial, pero no es parte de la naturaleza de Dios.

Las Escrituras primero nos dan el consuelo de que, cuando no sabemos cómo orar, el Espíritu Santo ora por nosotros (Romanos 8:26). Pero también nos da el maravilloso don de lenguas, que nos permite orar en consenso con el Señor cuando no tenemos comprensión. Más aún, al atraernos a la conciencia de la presencia del Señor donde nuestras mentes perciben lo que el Espíritu está diciendo, orar en el Espíritu realmente nos da acceso a ese entendimiento que necesitamos.

Cuando avanzamos a la oración con entendimiento junto con la oración en el Espíritu, como lo instruyó Pablo (1 Corintios 14:14), aumentamos más aún el nivel de nuestro consenso con Dios en oración. El hecho de que orar en el Espíritu aumenta nuestra habilidad para estar en consenso con Dios en oración es la clave para comprender cómo orar en el Espíritu edifica nuestra fe. Orar en lenguas sobrepasa el intelecto humano e inmediatamente activa nuestra fe nacida del espíritu –porque la fe no proviene de la mente–. El vínculo entre nuestro nivel de consenso con el Cielo y el nivel de fe que demostramos se ve más claramente en el ministerio de Jesús y en su explicación de cómo hizo lo que hizo. Simplemente dijo que solo hizo lo que vio hacer a su Padre y dijo lo que oyó decir a su Padre (vea Juan 5:19; 12:49). Como todo lo que hizo y dijo estaba en consenso completo con su Padre, todo lo que hizo y dijo fue hecho con la fe que liberaba la realidad del Reino de su Padre en las circunstancias que lo rodeaban. Esa clase de conexión constante con la presencia de Dios, que mantiene un entendimiento creciente de quién es Él y la forma en la que opera, es el corazón de la fe para el creyente. El resultado final es que realmente podemos comenzar a pensar y a actuar como Él.

ORAR CON DIOS

Por este motivo, la vida de oración más efectiva a la que Dios nos ha llamado no es una vida de lanzar pedidos de oración hacia arriba y esperar que alguno caiga con una respuesta. La oración de fe que siempre obtiene resultados es aquella que oramos porque nos hemos acercado a su corazón y lo hemos escuchado decir lo que quiere que hagamos. Entonces podemos pararnos en el lugar de autoridad delegada como colaboradores y declarar lo que Él dijo acerca de nuestras circunstancias. Pedirle a Dios que baje a arreglar los problemas en nuestras vidas no requiere la clase de fe que Él está buscando. Los discípulos lo descubrieron cuando despertaron a Jesús para que hiciera algo por la tormenta que amenazaba sus vidas. Primero, le hicieron al Salvador del mundo una pregunta bastante tonta: "... ¿No te importa que nos ahoguemos?" (Marcos 4:38). Luego contemplaron asombrados cómo Él solucionaba el problema de ellos. Lo que los agarró más desprevenidos fue que, después de responder a la oración de ellos, Él volteó y los reprendió por su falta de fe. La realidad es que casi cualquiera clama a Dios por ayuda cuando está desesperado. Pero la desesperación no siempre es una expresión de fe. Lo que Él buscaba era la clase de fe que les permitiera implementar la voluntad de Dios por medio de una declaración. Es una fe que mueve montañas o, en este caso, una fe que aplaca tormentas.

Recuerde que Las Escrituras son muy claras acerca del plan que el Espíritu Santo sigue, mientras nos convierte en su morada. Si cooperamos con Él, comenzaremos a lucir tal como Jesús. Por esta razón, creo que Dios desea que cada creyente madure hasta el punto en el que veamos cada vez más lo que el Padre está haciendo, oigamos lo que está diciendo y nos paremos en fe para acordar con Él, así como lo hizo Cristo. Y uno de los primeros obsequios que el Espíritu les da a los creyentes para liberar las cosas ocultas es la habilidad de orar en lenguas, porque sabe que necesitamos esta herramienta para entrenar nuestros corazones, mentes y cuerpos para percibir lo que Él hace y para acordar con ello. Cuando aprendemos cómo "edificarnos en nuestra fe más santa" usando esta herramienta, un signo de crecimiento será que Dios, gradualmente, nos desacostumbrará a esperar que Él traiga soluciones rápidas. En cambio, nos encontraremos en situaciones que simplemente *no cambiarán* hasta que nos inclinemos hacia su voz, oigamos lo que Él dice y nos paremos en la fe para hacer esa declaración sobre nuestras vidas. Cuando aprendemos a hacer esto, nos damos cuenta de que, aunque recibir respuestas a las oraciones es grandioso e importante, escuchar su voz en la intimidad de la oración es la verdadera fuerza de nuestra fortaleza y de nuestra vida.

Nota
[1] C. S. Lewis, *Mero cristianismo*, HarperCollins Publishers, EE. UU., 2006.

Capítulo 6

Poseídos por las promesas

Meditar en las promesas de Dios lo fortalecerá.

En este libro, he mostrado cómo las herramientas que usamos para fortalecernos en el Señor están diseñadas para mantenernos conectados con nuestra identidad y propósito. Quizá esto sea obvio, pero solo conocemos nuestra identidad y propósito porque Dios nos *dice* cuáles son. Renovar nuestras mentes requiere que aprendamos cómo dejar que sus palabras acerca de nuestras vidas cancelen completamente nuestra antigua creencia de quién somos –incluso antes de ver su palabra manifestada plenamente en nosotros–. Es así cómo demostramos fe.

El destino de David de ser rey no comenzó con su ascenso al trono, sino con la declaración de Dios de ese destino por medio del profeta Samuel. Probablemente, hubo días en el desierto cuando la única evidencia que podía presentar como prueba de que la palabra era verdad era su recuerdo de lo que Samuel había dicho y del aceite derramado sobre su cabeza. Pero el hecho de que David fue detrás de su destino hasta cumplirlo, sin renunciar ni tomar atajos, es evidencia clara de que creía lo que Dios había dicho. Su fe no estaba basada en circunstancias, sino en que él sabía quién era Dios por la historia que tenían juntos. Como Sara, él "... consideró fiel al que le había hecho la promesa" (Hebreos 11:11).

DESTRABEMOS EL POTENCIAL DE LA PROMESA

Cuando renacemos, heredamos cada promesa de Dios para los creyentes. Pedro nos dice que estas "preciosas y magníficas promesas" son cosas que nos llevan "a tener parte en la naturaleza divina" (vea 2 Pedro 1:4); destraban nuestro potencial para ser como Cristo. Pero no poseemos realmente estas promesas hasta que suceden tres cosas. Primero comenzamos a poseer una promesa cuando el Espíritu Santo se la dice a nuestro corazón. Como leímos en el capítulo anterior, el Espíritu Santo toma lo que es de Cristo y nos lo declara a nosotros, anunciando las cosas por venir (vea Juan 16:13-14). La declaración del Espíritu es lo que pone las promesas del Reino en nuestra cuenta. Cuando Dios nos habla, se libera su unción profética en lo que Él dice. Esa palabra puede llegar a usted por medio de otra persona o de una oración ungida que se eleva por usted, de un pasaje de Las Escrituras que lo impacta cuando lo lee, de un sueño o una visión, o por la voz calmada del Espíritu en su hombre interior. Esa unción no solo le dice lo que sucederá, *crea* lo que sucederá. Es como si ante usted se asentaran las vías de un tren que lleva directamente a cumplir la palabra.

Es imposible que Dios mienta. Su Palabra siempre está en consenso completo con su naturaleza y carácter, y por ende, sus propias palabras liberan su poder para lograr lo que Él ha dicho. Esto es lo que el ángel le declaró a María: "Porque para Dios no hay nada imposible" (Lucas 1:37). El término para *palabra* es *rhema*, que es la palabra de Dios recientemente pronunciada. *Imposible* significa "sin habilidad". Una traducción literal expandida de este versículo podría ser: "No le llegará a usted ninguna palabra recientemente pronunciada por Dios que no contenga su propia habilidad de ejecutarse a sí misma".

Este poder latente en las promesas de Dios aumenta nuestra comprensión de por qué podemos creer en la fidelidad de Aquel que promete. Y una demostración práctica de confianza es precisamente lo siguiente, que debe suceder para que usted posea sus promesas. Por fortuna, usted no necesita comprender la palabra para poder demostrarle al Señor que confía en que esta es verdad. Comenzará a andar por las vías del ferrocarril hacia su destino simplemente por haber *recibido* La palabra. Eso es lo que María hizo después de escuchar la promesa maravillosa de que sería la madre del Cristo niño. Le respondió al ángel: "... Hágase conmigo conforme a tu palabra..." (Lucas 1:38, RVR60). No había manera de que ella comprendiera lo que el ángel le había dicho o de que viera cómo era posible que sucediera. Todo lo que necesitaba saber era que el Señor había hablado y que ella podía confiar en Él. Como resultado de su fe, se la llamará "bendita" por toda la eternidad. ¡Vaya destino!

La tercera cosa que debe suceder para que usted posea sus promesas es que su fe en ellas debe ser probada y comprobada. Pablo le dio esta instrucción a Timoteo: "... te doy este encargo porque tengo en cuenta las profecías que antes se hicieron acerca de ti. Deseo que, apoyado en ellas, pelees la buena batalla" (1 Timoteo 1:18). Cuando el Espíritu Santo declara una promesa sobre usted, también pone un arma en su arsenal. Esto nos dice dos cosas. Primero, que frecuentemente tendrá que batallar por esa palabra contra alguien que intentará robársela. Segundo, si batalla por la promesa usando la promesa, tendrá la victoria. Podemos ver esto en la vida de Cristo. En su bautismo, el Padre hizo una declaración acerca de Él: "Éste es mi Hijo amado; estoy muy complacido con él". Luego Jesús fue llevado al desierto para ser tentado por el diablo, que le dijo: "Si tú eres el Hijo de Dios...". El enemigo estaba desafiando directamente La palabra que Dios había hablado. Jesús respondió con escrituras: "... El hombre [vive] de toda palabra que sale de la boca de Dios" (Mateo 4:4).

Se paró firme en la promesa del Padre basándose en el hecho de que Dios era quien había hecho la promesa y en que las palabras de Dios son la fuente de la vida. Se negó a intentar inútilmente determinar su vida fuera de esa palabra. Él tenía suficiente prueba de que la palabra del Padre sobre su vida era cierta, no porque podía señalar evidencias de su manifestación, sino porque había *escuchado* la palabra y la había *recibido*.

POSICIONADOS PARA CUMPLIR

La respuesta de Jesús nos enseña que la única manera en que podemos posicionarnos para ver nuestras promesas cumplidas es rechazar definirnos a nosotros mismos como cualquier cosa que no sea lo que Dios ha dicho sobre nosotros. Jesús reprendió a los fariseos en Marcos 7:13: "Así, por la tradición que se transmiten entre ustedes, anulan la palabra de Dios...". En otras palabras, los fariseos insistían en definirse a sí mismos y a su palabra de acuerdo con la interpretación y la práctica humanas en lugar de hacerlo de acuerdo con La Palabra de Dios. *Anular* significa "dejar sin fuerza", lo que da la imagen de cancelar la cosa más poderosa del Universo: La Palabra de Dios. Nada puede atenuar el hecho de que su palabra viene completamente equipada. Pero podemos cerrar nuestro acceso a ese poder si elegimos definir nuestras vidas fuera de lo que Dios ha dicho.

Definirnos según La Palabra de Dios requiere que entrenemos constantemente a nuestras mentes a pensar de acuerdo con esa palabra. Esto significa que tenemos que recordar sus promesas con frecuencia. ¡Pero no se detenga allí! Aprenda a *meditar* en ellas. Como María, debemos atesorarlas y meditar en ellas en nuestros corazones (vea Lucas 2:19). Mientras que la meditación oriental intenta hacer que las personas vacíen sus mentes, la meditación bíblica se concentra en llenar nuestras mentes –y nuestras bocas– con la verdad. En Josué 1:8 (RVR60) leemos:

> Nunca se apartará de tu *boca* este libro de la ley, sino que de día y de noche meditarás en él, para que guardes y hagas conforme a todo lo que en él está escrito; porque entonces harás prosperar tu camino, y todo te saldrá bien (énfasis del autor).

Una definición para la palabra hebrea *meditar* es "murmurar". Meditar implica repetir *en voz alta* las palabras que Dios ha dicho. Como se le dijo a Josué, esta repetición regular de lo que Dios ha dicho es la clave de nuestra habilidad para *ejecutar* la palabra. Cuando declaramos la palabra sobre nuestra propia vida y profetizamos nuestro propio destino en consenso con Él, liberamos la unción del Espíritu en una medida mayor para hacer que la palabra suceda. El versículo dice que, cuando hacemos esto, en realidad estamos *haciendo* que nuestro camino sea próspero. Meditar en las promesas de Dios es algo que podemos hacer y que somos responsables de hacer para determinar adónde vamos en la vida; es una herramienta vital para fortalecernos a nosotros mismos en el Señor para poder trabajar en nuestra identidad y propósito. Meditar en las promesas de Dios lo fortalecerá.

> *Meditar en las promesas de Dios lo fortalecerá.*

CÓMO TRIPULAR EL TIMÓN DE NUESTRO BARCO

Yo escribo las promesas y las profecías que se dicen acerca de mí. Como el timón de un barco, determinan la dirección de mis pensamientos y deseos, y finalmente, de mi vida. Pongo las más pequeñas en tarjetas de 7 x 13 cm y las más largas las guardo en un archivo en mi computadora. Están en mi portafolio y las llevo dondequiera que voy –y las leo a menudo–. Como paso casi la mitad del año viajando, las llevo conmigo para poder meditar en ellas mientras vuelo. Suelo mirar a mi alrededor y ver hombres y mujeres de negocios que representan compañías como Apple y Ford. Suelen estar concentrados en sus planes de negocios y en sus notas para las reuniones estratégicas. Yo, en cambio, estoy examinando la mente de Cristo acerca de mí. Estas pequeñas tarjetas me recuerdan que yo represento al Reino de Dios, y que mi mente y cuerpo deben estar al día con mi rol y mis responsabilidades como autoridad delegada en este mundo. No puedo darme el lujo de tener pensamientos en mi mente que Dios no tenga en la suya. Es imposible ser efectivo en cumplir sus propósitos a menos que yo entrene de continuo mi mente para pensar en mí mismo de acuerdo con lo que Dios dice acerca de mí.

También leo a diario porciones de Las Escrituras que han sido puestas en mi corazón por el Espíritu Santo como palabras para mi vida. Él me ha dado dominio personal sobre las promesas por medio de su declaración. Yo comparo estas promesas con habitaciones en una mansión que están especialmente diseñadas para mí; son reinos en Dios y lugares grandiosos *donde morar*. Romanos 8:23 dice que "... gemimos interiormente..." en nuestro deseo de ver nuestro destino cumplido. Creo que esto es lo que el salmista describe cuando dice: "Un abismo llama a otro abismo..." (Salmo 42:7). El pedido profundo de mi corazón clama al deseo profundo del Señor por verme cumplir mi potencial como su hijo –el potencial que está profetizado en estas porciones de Las Escrituras que Él ha declarado sobre mí–. Si me siento pesado o desalentado, leo estos pasajes hasta que siento la realidad de ese lugar de morada y puedo sentir esa promesa que quema en mi corazón otra vez. Josué 1:5-9 fue una de mis "habitaciones" durante treinta y cinco años. No solo lo memoricé; es *la* palabra del Señor para mi vida, así que voy a ella a menudo y encuentro descanso y refresco, y renuevo mi perspectiva de mi propósito divino.

Pero quizá la parte más importante de esta práctica tiene que ver con mi experiencia en el libro de Salmos. Si me siento bombardeado en mi mente o mis emociones, o si estoy espiritualmente agotado y lucho con mi fe, voy a los Salmos. Leo y continúo leyendo hasta que *oigo mi voz*. Cada condición humana conocida por el hombre se encuentra en esos cánticos, y sé que habrá algo allí que abordará mi situación. Hay momentos en los que he leído más de veinte Salmos antes de encontrar el clamor de mi corazón en las páginas de ese libro. Y cuando lo hago, sé que encuentro un lugar de descanso. Me quedo allí y alimento mi corazón leyéndolo una y otra vez. A veces canto las palabras con una melodía espontánea. En otras ocasiones, uso las cosas dichas en los Salmos como "armas" de alabanza –excepto que no me concentro en el diablo–. Uso ese "lugar de morada" para llenarme de fe hasta salir del abismo en el que me encuentro.

HEREDAR LAS PROMESAS

Es muy importante "atesorar y meditar" las promesas del Señor para nuestras vidas. El valor que usted demuestra por la voz de Dios es lo que determina el grado en que usted atraerá más promesas hacia su vida. Romanos 10:17 dice que "... la fe viene como resultado de oír...". Y Hebreos 11:13 dice que los santos de la antigüedad recibieron "... las cosas prometidas..." por medio de la fe. El vínculo entre "oír" y "recibir las cosas prometidas" es la fe. Cuando atesoramos sus promesas manteniéndolas cerca de nuestro corazón y anclando nuestras almas en ellas por medio de la meditación poderosa, demostramos que creemos que son verdad y mostramos confianza práctica en Aquel que nos las dio. Esa confianza le demuestra a Él que puede confiarnos más cosas.

El hecho de que el Espíritu Santo esté asignado a nosotros para transferir nuestras promesas heredadas a nuestra cuenta deja en claro que necesitamos tener una relación constante de escucharlo. La vida no sale de todas las palabras ya dichas, sino por toda palabra "... que *sale* de la boca de Dios" (Mateo 4:4, énfasis del autor). Note que "sale" está en tiempo presente. Es el aliento del Espíritu Santo en las páginas de Las Escrituras lo que nos trae al lugar de la vida y el propósito. Cuando tomamos lo que oímos y lo meditamos, permitiendo que entrene nuestro pensar, nuestros afectos y nuestros comportamientos, se convierte en una palabra que vive en nosotros. La Palabra que vive crea una realidad en nuestras vidas que resuena con la palabra del Espíritu, lo que nos permite percibirlo cuando viene. Jesús reprendió a los fariseos sobre este asunto:

> Y el Padre mismo que me envió ha testificado en mi favor. Ustedes nunca han oído su voz, ni visto su figura, ni vive su palabra en

ustedes, porque no creen en aquel a quien él envió. Ustedes estudian con diligencia las Escrituras porque piensan que en ellas hallan la vida eterna. ¡Y son ellas las que dan testimonio en mi favor! Sin embargo, ustedes no quieren venir a mí para tener esa vida.

JUAN 5:37-40

Dicho de otra manera, el signo de que La Palabra vive en usted es reconocer la presencia de Dios y tener fe en lo que Él quiere hacer. Su reprensión también implica que Las Escrituras solo pueden ayudar a establecer esa Palabra que vive en nosotros si respondemos a ellas recurriendo a la persona de Cristo. La revelación debe traernos a un encuentro divino; si no solo nos hará religiosos (satisfechos con la forma sin poder). Cuando recibimos una promesa de Las Escrituras, debería provocar que buscáramos a Aquel que da y cumple su palabra. Por otro lado, cuando su Palabra no vive en nosotros, la consecuencia es seria. Los fariseos cometieron el error más grande de todos. Ellos suplicaban que el Mesías viniera, pero jamás lo reconocieron por lo que Él era, incluso cuando lo vieron cara a cara. Todo fue porque La Palabra no vivía en ellos, como leemos en Juan 5:38: "Ni vive su palabra en ustedes, porque no creen en aquel a quien él envió".

Nos regimos por cada palabra que procede de su boca. Asimismo, cuando no escuchamos esa palabra ni nos regimos por ella, nos desconectamos de la vida. Con riesgos tan altos, lo insto a que junte y registre las palabras proféticas y las promesas acerca de su vida. ¡Arriésguese! Escriba aquellas de las que no esté tan seguro y vea si Dios se las dice de tal forma que se conviertan en vida para usted. Y, lo que es igual de importante, reléalas a menudo.

También lo exhorto a leer Las Escrituras desde la postura de "reclinarnos hacia su voz". Las expectativas tienen todo que ver con lo que usted recibe de Dios. En lugar de esperar obtener mera información, respuestas a sus preguntas o "textos de demostración", escuche cómo la voz del Espíritu toma las palabras de la página y las deposita en su corazón como palabra personal para *usted*. Cuando la escuche, creará una resonancia peculiar en su espíritu que lo hará decir: "¡Vaya! No tengo idea de lo que significa aún, ¡pero es muy cierto!". Recíbala, escríbala, medítela, declárela sobre su vida y permita que lo lleve por el camino hacia su propósito eterno.

Capítulo 7

Mantenga el testimonio

Los testimonios de Dios conectan a las generaciones con sus promesas.

Capítulo 7

Mantenga el testimonio

Los testimonios de Dios conectan a las generaciones con sus promesas.

Como reyes y sacerdotes del planeta, tenemos una responsabilidad dual: primero, actuar como representantes del hombre ante Dios por medio de la intercesión y, segundo, actuar como representantes de Dios ante el hombre proclamando y demostrando el evangelio del Reino. Cristo es nuestro modelo en ambos roles. En su muerte, representó la humanidad pecadora a Dios y tomó nuestro juicio. Ahora "... vive siempre para interceder por [nosotros]" (Hebreos 7:25). Y, como representantes de Dios ante el hombre, Colosenses nos dice que Cristo "... es la imagen del Dios invisible..." y que "... a Dios le agradó habitar en él con toda su plenitud" (Colosenses 1:15,19). Eso significa que Jesús es teología perfecta. Si nos sentimos tentados a creer algo de Dios que no podemos ver revelado en Cristo, entonces será mejor que lo rechacemos. En su vida y su ministerio, Jesús *re-presentó* perfectamente al Padre haciendo lo que su Padre hizo y diciendo lo que su Padre dijo. Una de las verdades principales que comprobó Jesús es que es imposible representar a Dios acertadamente sin demostraciones de poder. Los milagros no son algo que solamente Jesús y un pequeño número de ministros muy ungidos pueden producir. La unción que tenía Cristo es el mismo Espíritu Santo que se le ha dado a *cada* creyente. Él es quien nos habilita como miembros del sacerdocio real de Dios y nos llama a continuar el ministerio de Cristo demostrando cómo es Dios por medio de lo milagroso.

LOS TESTIMONIOS REVELAN LA NATURALEZA DE DIOS

Durante muchos años, ha funcionado una doctrina de demonios que les niega a los creyentes el acceso legal al reino de lo milagroso como elemento esencial de su identidad y propósito como cristianos. Afortunadamente, esta revelación se está restaurando a gran escala. Con ella viene la revelación de uno de los tesoros y de una de las herramientas más profundas que heredamos: el testimonio. Un testimonio es un registro escrito o hablado de cualquier cosa que Dios ha hecho. Y cada parte de ese registro se convierte en la historia familiar de usted en el momento en que renace. David declaró: "Tus estatutos son mi herencia permanente; son el regocijo de mi corazón" (Salmo 119:111). Eso significa que cada relato de cada milagro o señal que Dios hizo alguna vez es también su historia, porque usted tiene una relación con el Dios que lo hizo. Los testimonios del Señor son las herramientas que nos equipan para caminar en nuestro propósito de demostrar cómo es Él por medio de lo milagroso. Primero, revelan la naturaleza de Dios y cómo Él hace cosas –sus maneras–. Segundo, esta conciencia de quién es Dios crea una expectativa en nuestros corazones por que esas maneras se manifiesten en nuestras vidas. La palabra *testimonio*, cuya raíz es hebrea, significa "hacer otra vez". Cada registro de lo que Dios hizo en las generaciones pasadas es una promesa de lo que volverá a hacer en nuestras vidas, porque Él es el mismo ayer, hoy y siempre, y no hace acepción de personas (vea Hebreos 13:8 y Hechos 10:34). No solo eso, Apocalipsis 19:10 dice: "... El testimonio de Jesús es el espíritu que inspira la profecía". Como leyó en el capítulo anterior, la unción profética no solo declara lo que Dios quiere hacer, sino que también tiene un poder creativo para generar lo que se declaró. El testimonio libera esta unción. Cuando declaramos lo que Dios ha hecho, se libera poder para hacer que ese testimonio suceda otra vez en las vidas de aquellos que lo escuchan.

Los testimonios de Dios son lo que conectan a cada generación de creyentes con las promesas que Él pactó. Por esta razón, Dios puso instrucciones específicas en la Ley de Moisés para que los israelitas ensayaran el testimonio a diario y se lo enseñaran a sus hijos. Toda la vida social y familiar de ellos debía ser construida sobre la repetición del testimonio (vea Deuteronomio 6).

> *Los testimonios de Dios conectan a las generaciones con sus promesas.*

También debían construir piedras conmemorativas, como las que se les instruyó que establecieran después de cruzar el río Jordán hacia la Tierra Prometida, para representar lo que Dios había hecho. Los testimonios de Dios conectan a las generaciones con sus promesas. Cuando los hijos de la siguiente generación pasaban junto a estas piedras y preguntaban por ellas, sus padres debían dar el testimonio (vea Josué 4:5-7) de ese cruce, para dar a entender que: "¡Este también es tu Dios! Heredaste su tierra y las promesas que Él nos dio, y está listo para mantener esas promesas en tu generación". David lo explica así:

> Él promulgó un decreto para Jacob, dictó una ley para Israel; ordenó a nuestros antepasados enseñarlos a sus descendientes, para que los conocieran las generaciones venideras y los hijos que habrían de nacer, que a su vez los enseñarían a sus hijos. Así ellos pondrían su confianza en Dios y no se olvidarían de sus proezas, sino que cumplirían sus mandamientos.
>
> SALMO 78:5-7

CREAR EXPECTATIVAS

Mantener el testimonio causó que Israel "pusiera su confianza en Dios" –es decir, mantener su expectativa de que Él cumpliera su promesa por medio de sus invasiones milagrosas de poder–. Nuestra expectativa de Dios es la que determina nuestro nivel de fe. Y tenemos que tener fe para poder "cumplir sus mandamientos". Todos los mandamientos de Cristo, desde "sana a los enfermos" hasta "ama a tu prójimo", solo son posibles de cumplir por medio del poder sobrenatural de su Espíritu que viene de la fe. Asimismo, Dios les dio a los israelitas la misión de quitarles la Tierra Prometida a sus enemigos y establecerse como nación, una tarea que dependía enteramente de su habilidad para posicionarse para la invasión del poder de Dios por medio de la fe. Él fue quien les dio las estrategias y la fuerza para hacer lo imposible. Siempre que recordaron lo que Dios había hecho y dicho, y dieron un paso de fe con sus estrategias, ganaron victorias sobrenaturales. Pero, cuando la gente dejó de mantener el testimonio, su fe en lo milagroso disminuyó, así como su obediencia a sus mandamientos. Si estudia la historia de Israel en el Antiguo Testamento, encontrará que cada generación que dejó de caminar en el pacto con Dios lo hizo porque olvidó las obras de Él. David describe a dicha generación en el Salmo 78:

> La tribu de Efraín, con sus diestros arqueros, se puso en fuga el día de la batalla. No cumplieron con el pacto de Dios, sino que se negaron a seguir sus enseñanzas. Echaron al olvido sus proezas, las maravillas que les había mostrado (vv. 9-11).

Notará que esta gente estaba equipada para la batalla: eran *diestros arqueros*. El problema no era que Dios los había mandado a la batalla sin que estuvieran preparados. Tenían los testimonios de lo que Él había hecho por sus padres que, si eran declarados, no solo les darían el coraje para dar un paso de fe, sino que también liberarían una unción profética para repetir esos actos. El problema era que ellos los habían olvidado. Por lo tanto, no tenían la fuerza y la fe necesarias para enfrentar la batalla.

EL COSTO DE LA NEGLIGENCIA

Estoy asombrado de la capacidad humana de olvidar las cosas más extraordinarias y maravillosas, en particular, los milagros. Sin embargo, esto no suele suceder de la noche a la mañana. Olvidar es una caída en picada que comienza con la tendencia natural de, poco a poco, hablar menos acerca del cáncer que fue sanado instantáneamente, por ejemplo. Otras cosas comienzan a ocupar nuestras mentes. Pero entonces, cuanto menos conservemos el testimonio en nuestra conversación y en nuestra mente, más bajas tendremos las expectativas de ver lo milagroso. Nuestras expectativas bajas nos evitan reconocer y acceder a oportunidades para ver milagros. Y cuanto menos experimentamos lo milagroso, tenemos menos de qué hablar. Hablamos menos, esperamos menos y experimentamos menos hasta que terminamos en el lugar donde conocemos a alguien con cáncer y decimos: "¡Dios! ¡Ayuda!". Nuestra expectativa y nuestra fe son pequeñas, aunque hayamos visto a Dios arreglar este problema antes. Somos arqueros diestros, pero hemos olvidado ese hecho; y a menos que recordemos lo que Dios ha hecho y nos levantemos en la fe que nos da el testimonio, les daremos la espalda a las oportunidades divinas para la victoria que están frente a nuestras narices. Si usted ha estudiado el Antiguo Testamento, sabrá que la imposibilidad de Israel para mantener el testimonio y vencer a los enemigos en su tierra tuvo consecuencias graves. Como eligieron coexistir con sus enemigos en el mismo territorio, se volvieron vulnerables a la idolatría, lo que los llevó a quebrar el pacto con Dios e invitó a sus vidas toda clase de maldiciones y problemas. Perdieron su identidad como pueblo de Dios y se volvieron iguales a los que los rodeaban. No mantener el testimonio nos hace olvidar quién es Dios y quiénes somos nosotros. Como Israel, lo único que distingue a los creyentes del resto del mundo es la realidad de que Dios está activo entre nosotros. Cuando perdemos eso de vista, somos iguales que cualquier otro, con una excepción: experimentaremos consecuencias más graves porque somos responsables de la revelación de Dios que recibimos en los testimonios. Le robamos a la gente sus encuentros con Dios cuando olvidamos que el testimonio es importante para Él.

SEAMOS CONSCIENTES DEL DIOS QUE INVADE LO IMPOSIBLE

¿Qué hace falta para mantener el testimonio y permanecer fuera de la caída en espiral al llevar a cabo nuestra responsabilidad de representar a Dios con poder? Simplemente, hace falta seguir las instrucciones que Dios le dio a su pueblo al principio. Debemos establecer una cultura del testimonio en nuestras vidas personales, en nuestros hogares y en nuestras iglesias. Debemos hablar sobre ello cuando nos levantamos, cuando comemos, cuando vamos a trabajar y cuando nos vamos a dormir. Debemos construir monumentos conmemorativos que nos recuerden lo que Dios ha hecho y considerarlos regularmente.

Yo comencé a escribir un diario hace varios años con el único fin de registrar los milagros de los que he sido testigo. No soy el mejor a la hora de llevar un diario, pero estoy convencido del poder que he visto y de mi propia habilidad humana para olvidar lo que he presenciado. Creo en el peso de las consecuencias de olvidar los milagros de Dios, así que los registro. Les debo a mis hijos, a mis nietos y a las generaciones futuras un registro de las intervenciones de Dios en mi generación. El testimonio mismo es su herencia.

Como pastor, he enfatizado este principio a mi personal y a mi congregación. Nuestro equipo comienza cada junta de personal o de directorio con una hora o dos de compartir testimonios de lo que Dios ha hecho en las semanas y meses anteriores. Sabemos que no podemos hacer planes para la dirección de la iglesia sin una conciencia abrumadora del Dios que invade lo imposible. Si no tenemos esa conciencia, no tendremos fe y coraje, y nuestros planes no alcanzarán la misión que Dios nos ha dado. Sin embargo, cuando tenemos esa conciencia, no solo dejamos las reuniones sintiéndonos increíblemente alentados por la bondad y por el poder de Dios, sino que nos vamos llenos de fe de que Dios tiene intenciones de hacerlo otra vez esta semana. También salimos cargando un arsenal completo de testimonios que contienen el potencial para multiplicarse, mientras que los declaremos sobre las vidas de las personas que tenemos la oportunidad de tocar.

Si no me mantengo consciente del Dios que invade lo imposible, les reduciré servicio a mis dones ministeriales. Todos nuestros dones son como velas en un barco. Podemos sentarnos en la costa (la iglesia) y admirar las velas de los demás. Pero, sin viento, ¡no sirven de nada! Nuestros dones están diseñados para atrapar el viento de Dios con el fin de lograr lo que es humanamente imposible. El testimonio mantiene nuestras velas desplegadas.

En cuanto a nuestra congregación y a nuestra Escuela de Ministerio, ellos también han adoptado el valor del testimonio. Muchos de los testimonios que compartimos en nuestras juntas de personal y de directorio son sus historias, lo que significa que la gente no solo ministra en el poder de Dios, sino que hablan sobre ello y está regresando a nosotros. Uno de los frutos más importantes de esta cultura del testimonio es que más y más de las historias que escuchamos están relacionadas con compartir los testimonios.

Un domingo, cuando enseñé el poder del testimonio, mostramos un video en nuestro servicio sobre un niño que corría después de que se le hubiera sanado un defecto congénito en el pie. Luego de ver este video, algunos estudiantes de la Escuela de Ministerio estaban tan entusiasmados que fueron al centro comercial al día siguiente para orar por cualquier persona que pudieran encontrar. Vieron a una mujer que caminaba con un aparato ortopédico en la pierna y un bastón, así que asumieron naturalmente que era un buen blanco para un milagro. Comenzaron a hablarle y compartieron el testimonio del niño cuyos pies se habían sanado. Conmovida por la historia, ella permitió que oraran por su rodilla, que tenía un tumor. El tumor desapareció, así que se quitó el aparato. Luego uno de los jóvenes que oraba por ella dijo: "El fuego de Dios está golpeándote en la espalda aquí" y señaló un punto en particular. ¡Con sorpresa, se tocó el lugar y encontró que otro tumor, del cual ella no había hablado, también desaparecía! Salió del centro comercial con el aparato y el bastón bajo un brazo, y su nieto del otro, a quien le explicaba: "Ya no necesito estas cosas".

Esta mujer experimentó el poder profético del testimonio. ¡Declarar el testimonio creó un momento divino para que Dios lo hiciera otra vez! Y los milagros que ocurren cuando los testimonios se comparten continúan multiplicándose –no solo en nuestra comunidad, sino en todo el mundo–. Creo no haber visto en los lugares adonde viajo y enseño otra revelación que tuviera un efecto más dramático en la forma en que la gente hace la obra de la iglesia que el poder del testimonio, porque los llama a su verdadera identidad y propósito en Dios.

DEJEMOS UNA HERENCIA POR MEDIO DEL TESTIMONIO

Mantener el testimonio es una responsabilidad que Dios le dio a cada hombre y mujer de Israel, no solo a sus líderes. El hecho de que cada individuo sea responsable por mantener el testimonio como estilo de vida la define como una de las herramientas principales para usar para nuestro fortalecimiento. No podemos esperar que otros mantengan el testimonio por nosotros. Además de mantener testimonios en nuestra conversación, también debemos meditar en ellos. La meditación es poderosa porque involucra nuestra imaginación, que puede llevarnos a un nivel de experiencia significativo, y la experiencia es una parte vital de la renovación de la mente. El escritor del Salmo 66, en los versículos 5-6, dice: "¡Vengan y vean las proezas de

Dios (...)! Convirtió el mar en tierra seca, y el pueblo cruzó el río a pie". Este escritor no pudo haber visto a Dios partir el Mar Rojo y el río Jordán. Pero, por medio de la imaginación inspirada, pudo llegar al nivel de experimentar esos milagros que le permitieron adueñarse de estos eventos como su historia propia. Si usted es alguien que siente que no ha visto muchos milagros, primero debe recordar que posee cada historia de Dios como si fuera propia. Luego, como son suyos, debería estudiar los testimonios de Las Escrituras y recolectar los testimonios de los santos históricos y de los santos a su alrededor para poder meditar en ellos. Meditar en los testimonios entrena nuestras mentes para pensar desde el reino de la fe.

David dejó en claro que estudiar los testimonios le permitía acceder a una revelación de Dios muy poderosa: "Tengo más discernimiento que todos mis maestros, porque tus testimonios son mi meditación" (Salmo 119:99, LBLA). Y gracias a este nivel de revelación, David se convirtió en el único hombre en el Antiguo Testamento que cumplió el rol doble de rey y sacerdote. Si los testimonios llevaron a David a ese destino antes de poder experimentar la comunión continua con Dios por medio del Espíritu Santo, ¿cuánto más nos llevarán a nosotros hacia nuestro destino ahora que tenemos el Espíritu de revelación dentro de nosotros? Como reyes y sacerdotes, toda nuestra identidad se basa en los cimientos de nuestra historia familiar en Dios. Si no sabemos de dónde venimos, no sabremos adónde vamos ni cómo llegar allí. Debemos aprender a mantener el testimonio.

CAPÍTULO 8

CONTROLE
SU ENTORNO

*A Jesús no lo motivaba a actuar la necesidad humana,
sino el corazón de su Padre.*

A medida que desarrollé un estilo de vida de alimentarme de las promesas y profecías de Dios y de meditar en sus testimonios, sucedió algo interesante. La gente con testimonios me encuentra constantemente, como los misiles que siguen el calor. Como la naturaleza del testimonio conlleva una unción profética, es como si se me profetizara sin cesar. Como resultado, tengo un suministro continuo de aliento y fortaleza que se aparece dondequiera que esté, en cualquier lugar del mundo. Es asombroso. Cuando valoremos lo que Dios valora, sus bendiciones nos perseguirán.

Jesús hizo una declaración que explica cómo nuestro valor por los testimonios y las promesas del Señor atrae más de ellos a nuestras vidas. Él dijo: "Prestad atención a lo que oís, porque con la medida con que medís, os será medido, y aun se os añadirá a vosotros los que oís" (Marcos 4:24, RVR95). Claramente, Jesús no se refiere solo al acto físico de percibir el sonido. Está hablando de oír y escuchar. Cuando escuchamos, permitimos que lo que oímos capte nuestra atención y concentración, esto, a la vez, influencia nuestras creencias y valores. Esas creencias y valores marcan un modelo para nuestras orejas que finalmente determina las voces a las que prestamos atención en nuestro entorno. Este modelo es también el que nos atrae más a ciertas personas que a otras.

Como marqué un modelo para mis orejas evaluando el testimonio, atraigo a personas con el mismo patrón. Por otro lado, la gente con un modelo impío es atraída a personas con ese mismo patrón. Si tomáramos a alguien con la reputación de tener gusto por el chisme y pusiéramos a esa persona en un empleo nuevo con otros cincuenta empleados a quienes no conoce, en siete días, cada amante del chisme del lugar se vería atraído hacia esa persona. Nuestros valores comunican algo en el mundo espiritual que alerta de nuestra presencia a otros con los mismos valores.

DETERMINEMOS UN MODELO PARA NUESTRAS OREJAS

El modelo que determinamos para nuestras orejas también determina nuestra habilidad para fortalecernos, porque fortalecernos a nosotros mismos comienza cuando elegimos escuchar la voz de Dios más que cualquier otra. A propósito, espero que sea obvio que aprender a fortalecernos a nosotros mismos no implica que seamos la fuente de nuestra fortaleza. Más bien, "todo lo puedo *en Cristo* que me fortalece" (Filipenses 4:13, énfasis del autor). Y Cristo "... sostiene todas las cosas con su palabra poderosa" (Hebreos 1:3) –incluidos nosotros–. Por lo tanto, cada herramienta en nuestro arsenal está diseñada para ayudarnos a nutrirnos de la fortaleza que escuchar la voz de Él pone a nuestra disposición. Escuchar es lo que nos permite establecer un acuerdo con Él por medio de obedecer su voz, y nuestro acuerdo es el que libera fortaleza y recursos celestiales en nuestras vidas y circunstancias. Además, como acabo de describirlo, el modelo que determinamos para nuestras orejas puede atraer la fortaleza celestial que proviene de las interacciones con otras personas que hablan y viven desde una perspectiva celestial. Por ende, al asociarnos adrede con personas que comparten nuestros valores y al controlar nuestras interacciones con personas que no lo hacen, nos fortalecemos.

Creo firmemente que somos llamados a ministrar a cualquier persona hacia quien el Espíritu Santo nos guíe. Debemos aceptarlos incondicionalmente y demostrarles el amor y el poder de Dios. Sin duda, también habrá individuos con quienes Dios nos llame a hacer negocios, a cultivar una amistad por cierto tiempo para llevarlos al conocimiento de Jesús o a hacer discípulos de la fe. Pero estas clases de relaciones son muy diferentes de las amistades en las que nos abrimos a la influencia de la perspectiva y los valores de nuestros amigos. Necesitamos cuidar quién está cerca de nosotros y nos da opiniones sobre nuestras vidas.

LA FORTALEZA PROVIENE DE LAS PERSONAS DEL PACTO

Nuestras amistades más cercanas, en especial con nuestro cónyuge, son poderosas porque están construidas sobre un pacto. El pacto establece un acuerdo que permite a la realidad espiritual que gobierna nuestra vida fluir hacia la otra persona y viceversa. Por esto, es tan vital desarrollar amistades con personas cuyas vidas demuestran constantemente el fruto del Reino. Cuando mantenemos amistades con personas de la fe, permanecemos conectados a una fuente creciente de fortaleza que suele determinar en gran manera nuestra habilidad de perseverar en los tiempos difíciles.

Yo tengo la bendición de tener amistades fuertes con personas de fe genuina. De vez en cuando, me he sentido edificado y fortalecido simplemente por estar en presencia de ellos. En ocasiones ni siquiera había podido mencionar la situación difícil que enfrentaba en ese momento, pero, sin embargo, salí alentado. Hay varias razones para esto. Primero, nuestro amor y honor el uno por el otro crea un intercambio de vida con cada interacción. Como mis amigos son personas de fe, naturalmente destilan esperanza, promesa y gozo. Al poco tiempo de estar con ellos, me contagio de su actitud y espíritu. Pero, más aún, las amistades de pacto, cuando están cimentadas en conocerse en el Espíritu, tienen el efecto de recordarnos quiénes somos realmente en Cristo. Refrescan nuestra conexión con nuestro propósito e identidad y, cuando nuestra visión por esas cosas se renueva, generalmente nuestra fortaleza también lo hace. Por este motivo, sé que una de las mejores maneras de fortalecerme cuando estoy cansado o desalentado es buscar un amigo y pasar tiempo con él.

MANTENGAMOS LAS MALEZAS FUERA DEL JARDÍN

Por otro lado, he aprendido que, cuando estoy en un momento emocionalmente vulnerable, o incluso nada más que cansado físicamente, debo tener cuidado de no estar cerca de personas a quienes les gusta quejarse o criticar. Siempre he tenido instalados fuertes límites personales para discernir a personas que hablan desde lugares de negatividad o incredulidad, y para interactuar con ellas. Normalmente les ministro, pero no les doy acceso a mi vida. Sin embargo, cuando me falta fortaleza, las evito intencionalmente. Puede no sonar muy compasivo, pero soy el único responsable de mantener mi corazón libre de duda y juicio, y solo yo puedo reconocer cuándo estoy vulnerable a la influencia de personas que están de acuerdo con esos espíritus. Salomón nos advierte del efecto poderoso de las personalidades y los valores de las personas cuando dice: "No te hagas amigo de gente violenta, ni te juntes con los iracundos, no sea que aprendas sus malas costumbres y tú mismo caigas en la trampa" (Proverbios 22:24-25).

No todos los consejos impíos provienen de los impíos. Aunque algunos tengan buenas intenciones, no tienen la perspectiva de la fe por la que yo me afano y tienden a trabajar para hacer que me parezca más a ellos que para ayudarme realmente a fortalecer mi confianza en Dios. Mi trabajo es protegerme de tales influencias, en especial cuando estoy vulnerable. Mi corazón es un jardín. Algunas personas son buenas para sembrar malezas, mientras que otras siembran el Reino. Mi trabajo, y el de usted, es reconocer la diferencia.

EL LUGAR DE SOLEDAD

Los Evangelios mencionan específicamente ocasiones cuando Jesús alejó a sus discípulos de las multitudes para descansar y pasar tiempo con ellos. El testimonio de la historia de los evangelistas nos enseña que muy pocos hombres y mujeres de Dios aprenden cómo y cuándo hacer esto. En un caso tras otro, la misma persona que llevaba una unción maravillosa que traía salvación, sanidad y liberación a miles de personas no tenía la sabiduría para ver que no podría sostener ese ministerio si no aprendía a alejarse de las multitudes lo suficiente para obtener descanso físico y cultivar relaciones enriquecedoras con familiares y amigos que reafirmarían su foco en el Reino. Como resultado, muchos de esos evangelistas murieron jóvenes, y muchos de sus familiares sufrieron física y espiritualmente.

A Jesús no lo motivaba a actuar la necesidad humana, sino el corazón de su Padre.

No podemos permitirnos no aprender la lección que estas historias nos enseñan. Si vamos a convertirnos en personas en las que Dios puede confiar mayores medidas de favor y unción para realizar nuestro propósito como sacerdocio real, debemos estar preparados para la realidad de que atraeremos a los necesitados. Las necesidades de las personas pueden resultarnos extremadamente apremiantes, y esa presión expondrá los lugares de nuestro corazón que se preocupan más por cumplir las expectativas de los demás que por hacer solo lo que Jesús hace. En su ministerio, Jesús suplía las necesidades de muchas personas, pero también pasaba de largo a muchos necesitados. Comprendía que, como un solo hombre, la única manera en que podía tener éxito con lo que estaba haciendo era mantenerse en un lugar donde lo que lo impulsara a actuar no fuera meramente la necesidad humana, sino el corazón de su Padre. A Jesús no lo motivaba a actuar la necesidad humana, sino el corazón de su Padre.

La fortaleza de nuestra intimidad con el Padre y con las relaciones cercanas del pacto que tenemos en nuestras vidas es lo que determinará nuestra habilidad para ministrar desde un lugar de fe y obediencia a Dios, y no desde un lugar de luchar por agradar o ayudar a las personas. Los más vulnerables a extralimitarse en nombre de las relaciones ministeriales son los que luchan contra la intimidad –tanto con Dios como con los demás–. El ministerio puede ser un lugar grandioso para que se sientan conectados y amados, pero la verdad es que, sin la rendición de cuentas que proviene de las amistades de pacto, están camino al desgaste o a transigir. Por eso, Dios sacará a muchos ministros del ministerio por un tiempo para que aprendan a ser amigos con Él además de trabajar con Él. Todo lo realmente fructífero proviene de esa intimidad con Él.

Aprendí que hay tres fuentes principales de distracción que debemos superar para poder mantenernos alineados con nuestro destino.

Primero, están las distracciones del diablo. Él juega con nuestros miedos y adicciones para llevarnos a pecar. Gradualmente, a medida que nuestras mentes se transforman, y nuestros sentidos se entrenan para tener hambre y sed de Dios, esas tentaciones no nos resultan tan interesantes.

Segundo, en ese proceso de transformación, enfrentamos más bien distracciones de nosotros mismos –lugares donde nuestras maneras de pensar antiguas y limitadas nos impiden que percibamos y respondamos a lo que Dios intenta enseñarnos.

Pero, al final, algunas de las distracciones más difíciles de evitar no son las que provienen del diablo o de nosotros mismos. Son las de Dios. Son las bendiciones, los favores, la prosperidad, los milagros y todos esos regalos maravillosos que Él derrama sobre nuestras vidas. Obviamente, Él nos los dio para que los disfrutemos. Pero también revelan si elegiremos los beneficios de la amistad por sobre el Amigo mismo.

Cada vez que comenzamos a deslizarnos en los beneficios de nuestras relaciones de pacto con Dios y los que nos rodean, violamos el amor. Debemos instalar en nuestros corazones que mantenemos una postura de perseguir intencionalmente estas relaciones por sí mismas y por lo que nosotros podemos aportarles. También tenemos que intentar jamás dejar que las necesidades de personas con quienes no tenemos pacto dicten lo que tenemos que darles a nuestras relaciones más cercanas. En nuestro compromiso de usar la fortaleza que tenemos para su bendición, en realidad sembraremos para el momento en el cual necesitaremos la fortaleza para nosotros mismos. Esa es la naturaleza del Reino de nuestro Padre.

HUMOR SALUDABLE

Una aclaración final: la mayoría de las personas de fe que hacen contribuciones constantes a mi vida en momentos de necesidad también son las personas con el mayor sentido del humor. Tiendo a tomarme demasiado en serio y resisto la risa en los momentos difíciles. El gozo en los tiempos duros requiere de fe; pero estar con personas en quienes confío lo suficiente como para estar relajado me ayuda a fomentar la atmósfera donde la risa llega fácil y a menudo. A veces simplemente estar juntos, relatar historias cómicas, compartir experiencias de gozo e incluso reírme de mí mismo es la solución ideal. La risa es realmente un buen remedio.

CAPÍTULO 9

EL CLAMOR DESESPERADO

Concéntrese en las respuestas de Dios, no en sus problemas.

¡Dios quiere que triunfemos!

El Espíritu Santo le dará agua para sustentarlo durante las épocas secas y áridas.

Las herramientas presentadas en este libro no tienen como fin ser una lista exhaustiva de las maneras en que podemos fortalecernos en el Señor. Solo abordé las cosas con las que tengo más experiencia. Mi meta es convencerlo de que Dios lo ha equipado con todo lo que usted necesita para cumplir con su destino. No es complicado. Lo más importante para mí es que el Cuerpo de Cristo esté *absolutamente poseído* por la revelación de la grandeza de nuestro destino. Si no comprendemos esto, probablemente no estaremos dispuestos a pagar el precio de aprender a fortalecernos a nosotros mismos.

SORPRENDIDOS POR EL GOZO

El Espíritu Santo es el único que puede revelar cuál es nuestro llamamiento. Por eso, la concientización del Espíritu Santo es uno de los dones más preciados que recibimos en nuestras vidas. Lamentablemente, por muchos años este don ha sido confundido con su mismísima antítesis: la condenación del enemigo. Una de las imágenes más claras de la diferencia entre la concientización del Espíritu Santo y la condenación del enemigo puede apreciarse en el libro de Nehemías.

Quizá sepa que Nehemías guió a los exiliados judíos en la tarea de reconstruir los muros de Jerusalén y de restaurar la ciudad después de haber estado cautivos en Babilonia. En cierto momento, la gente separó un día para renovar su pacto con Dios escuchando a los ancianos leer y explicar el Libro de la Ley, que no habían oído por años. Al comprender las palabras que se les leían, los israelitas vieron que el nivel que Dios tenía para sus vidas era muy alto y que ellos habían vivido muy por debajo de él. Naturalmente, comenzaron a llorar y a acongojarse. Pero Nehemías y los otros líderes los corrigieron por esta respuesta a la concientización del Espíritu Santo:

... el gobernador Nehemías, el sacerdote y maestro Esdras, y los levitas que enseñaban al pueblo, les dijeron: «No lloren ni se pongan tristes, porque este día ha sido consagrado al SEÑOR su Dios.»

Luego Nehemías añadió: «Ya pueden irse. Coman bien, tomen bebidas dulces y compartan su comida con quienes no tengan nada, porque este día ha sido consagrado a nuestro SEÑOR. No estén tristes, pues el gozo del SEÑOR es nuestra fortaleza.»

También los levitas tranquilizaban a todo el pueblo. Les decían: «¡Tranquilos! ¡No estén tristes, que este es un día santo!» Así que todo el pueblo se fue a comer y beber y compartir su comida, felices de haber comprendido lo que se les había enseñado.

NEHEMÍAS 8:9-12

Para la gente que se crió en la iglesia, llorar por el hecho de que no alcanzamos el estándar de Dios para la vida según se enseña en Las Escrituras se considera un signo *legítimo* de condenación y arrepentimiento. Y la *santidad* es algo generalmente asociado con la lobreguez y las lágrimas, no con el gozo. Esa *tendencia* en nuestro sistema de valores causó que etiquetáramos erróneamente muchas cosas de la vida, como el error frecuente de referirnos a los individuos deprimidos como "profetas" o al menos "intercesores". Pero en la historia de Nehemías de reconstruir la ciudad caída de Jerusalén, descubrimos que la santidad está más conectada con el gozo y el regocijo. A Israel se le prohibió llorar cuando el sacerdote leyó públicamente La Palabra de Dios, aun cuando no alcanzaban los requerimientos que Él tenía para ellos. Se les advirtió que no lloraran, sino que se regocijaran y celebraran con un festín. ¡Absolutamente sorprendente! ¡Los pecadores debían celebrar con gozo porque *comprendían* el llamado de Dios a la santidad!

La idea de que la mejor respuesta a la concientización del Espíritu Santo es estar deprimido deriva de creencias erróneas que nos ciegan a los propósitos del Espíritu Santo de exponer los lugares donde no alcanzamos nuestro llamamiento en Cristo. Hay un lugar para las lágrimas en este proceso, ya que se nos dice que es la aflicción piadosa la que nos guía al arrepentimiento. Pero cuando tenemos una visión errónea de Dios como un Padre legalista que está disconforme con cualquier cosa que hacemos, distorsionamos lo que se suponía que debía guiarnos a un encuentro con Él que trae transformación.

En cambio, muchos desarrollan actitudes de soberbia en un intento carnal de ser santos. Consecuentemente, hemos malentendido y malversado la abundancia de la gracia de Dios, gracia que no meramente perdona nuestros pecados, sino que también nos faculta a vivir como Él. Estas creencias crean una oportunidad para que el *acusador de los hermanos* se haga oír en momentos en que vemos zonas de pecado o de debilidad en nuestras vidas, y nos convenza de que somos casos perdidos. Nos engaña para que pensemos que sus acusaciones son condenaciones piadosas porque no podemos negar el hecho de que necesitamos cambiar.

EL CAMBIO DE FOCO NECESARIO

El problema real no es lo que nos falta, sino cómo respondemos a lo que Dios ha dicho. Concentrarnos en nuestros problemas más que en las respuestas de Dios debería ser un serio delator de que estamos lidiando con una condenación del diablo, no con la concientización del Espíritu Santo. Concéntrese en las respuestas de Dios, no en sus problemas. Cuando el Espíritu Santo nos muestra dónde somos insuficientes, la realidad mayor no son las áreas en las que aún no estamos caminando en nuestro destino, sino el destino en sí. Por eso, muchos de nosotros leemos el versículo que dice que "... todos han pecado y están privados de la gloria de Dios" (Romanos 3:23) y nos concentramos más en el hecho de que todos hemos pecado que en el hecho de que ¡estamos destinados a la gloria! La concientización del Espíritu Santo es en realidad un llamado a alejar nuestro foco de nuestros pecados y de nuestras limitaciones. Él le dice: "Tú estás hecho para más que esto. Levanta la cabeza y ponte metas más altas". Se supone que una perspectiva tan renovada parece sobrecogedora e imposible. De ese modo, es más probable que nos acerquemos a Él y permitamos que su gracia nos acerque a nuestro destino.

> Concéntrese en las respuestas de Dios, no en sus problemas.

Cuando reconocemos el propósito de la concientización del Espíritu Santo, comenzamos a comprender cómo necesitamos interpretar esta clase de pruebas que Él nos permite enfrentar. Es obvio que las pruebas reales no son las situaciones que desafían nuestras fortalezas, sino las que exponen nuestras debilidades. La mayor prueba de David no fue enfrentar a Goliat; fue superar su propia vulnerabilidad ante la aflicción por medio de fortalecerse a sí mismo. De hecho, la mayoría de los combates con los que nosotros lidiamos en la vida cristiana son realmente internos. Al realinear nuestros pensamientos erróneos y transformar los patrones de nuestros comportamientos antiguos, es sorprendente cómo descubrimos que el diablo y el mundo son cada vez una amenaza menor al flujo de la vida de Dios a través de nosotros.

Pero, como lo mencioné con anterioridad, lo que olvidamos es que Dios nos prepara para *todas* nuestras batallas. Debemos recordar que, cuando se exponen nuestras debilidades, es porque Dios ya nos dio las herramientas que necesitamos para superarlas. Por eso, se les mandó a los israelitas a regocijarse a pesar de sus imperfecciones. El Espíritu Santo no solo los condenaba por su destino, sino que también los equipaba con una promesa: "El gozo del Señor es nuestra fortaleza". En otras palabras, es el gozo del Señor por nuestras vidas lo que contiene la fortaleza que necesitamos para dar un paso hacia nuestro destino. ¿Y cómo obtenemos ese gozo? Nos regocijamos. Alineamos nuestros cuerpos y almas con la promesa porque esa postura es la que invita a la manifestación de la promesa. Que esta sea la respuesta a la concientización del Espíritu Santo que Dios está buscando debería de tener sentido porque requiere de fe. Regocijarnos cuando ganamos el sorteo del *Reader's Digest* es fácil, pero regocijarnos antes de obtener el cambio deseado requiere de fe.

POSICIONADOS PARA RECIBIR

Recibir las promesas de nuestro destino, como lo mencioné en el capítulo 6, requiere que nos posicionemos de cierta manera. Jesús les dio a sus discípulos un mandamiento: "Ahora voy a enviarles lo que ha prometido mi Padre; pero ustedes quédense en la ciudad hasta que sean revestidos del poder de lo alto" (Lucas 24:49). Quiero señalar que esta promesa no era sobre su salvación. Jesús ya había soplado sobre ellos y les había dicho: "... Reciban el Espíritu Santo..." (Juan 20:22). Lo hizo como paralelismo directo al primer soplo de vida que el Padre le dio a Adán. Fue un acto de creación que cumplió la promesa del Salmo 102:18 de que "... el pueblo que será creado alabe al SEÑOR". Como el encuentro de la salvación es específicamente el que hace que esta realidad de la nueva creación entre en nuestras vidas, creo que este fue el momento en que los discípulos renacieron. Pentecostés fue otro evento, un segundo toque. Si su salvación los había sacado de la *zona de peligro*, por así decirlo, Pentecostés tuvo el fin de llevarlos a la luz para que pudieran ministrar en poder más consistentemente y para que tuvieran algo que darles a los demás.

¿Y qué tuvo que suceder entre la salvación y Pentecostés? "Todos estos perseveraban unánimes en oración y ruego…" (Hechos 1:14, RVR60). La palabra *perseverar* significa "estar tenazmente atento a algo; continuar y no desmayar; estar constantemente listo para algo". Los discípulos no asumían que la promesa que Jesús le había hecho simplemente sucedería, ni asumían que "demorarse en Jerusalén" significaba pasar el tiempo y desempeñar las actividades normales. Se quedaron en un lugar y se dedicaron a la oración. El Cielo invadió la Tierra el día de Pentecostés porque la Tierra había invadido el Cielo por diez días. Su perseverancia en fe por la promesa los preparó para recibirla y les permitió acercarla a ellos.

CREADOS PARA LA GLORIA

Los discípulos se fortalecieron en esa planta alta. Fortalecernos en el Señor se trata de estar preparados para recibir y dirigir el cumplimiento de nuestras promesas. Piense en "invadir el Cielo" en el sentido físico. Para que un astronauta se aventure más allá de la atmósfera de la Tierra, debe estar cubierto por un traje presurizado que pueda resistir el vacío del espacio exterior. Sin él, su cuerpo explotaría instantáneamente. Si usted y yo tocaremos el reino de la *gloria* de Dios –y la palabra *gloria* significa, literalmente, "peso"–, tendremos que ejercer alguna clase de presión interna para poder reunir suficiente fortaleza para vivir en esa atmósfera y ser portadores de esa gloria en la Tierra.

Y portar la gloria de Él es exactamente nuestro propósito: la vida cristiana no solo implica recibir la salvación para ir al Cielo cuando muramos. Más bien, implica aprender a vivir en la realidad del Cielo ahora para poder trabajar a la par de Cristo para establecer su Reino en la Tierra. La razón por la que la Iglesia ha "simplificado" la Gran Comisión de hacer discípulos de las naciones y ver el conocimiento de la gloria del Señor cubrir la Tierra tiene que ver con nuestra imposibilidad de levantar la batuta de la Iglesia del primer siglo por medio de librar batallas para el bautismo auténtico y constante del Espíritu Santo. Como lo dice el libro de Hechos, este bautismo nunca tuvo la intención de ser un hecho aislado, sino una serie constante de encuentros que nos permiten caminar en niveles de poder cada vez mayores, cumpliendo la tarea que Jesús le dio a su Cuerpo. Por favor, advierta que algunas de las personas que Hechos 2 dice que estaban presentes en la planta alta también estuvieron en el derramamiento de Hechos 4:29-31.

El Espíritu que habita dentro, que recibimos con la salvación, es el Espíritu de adopción que clama "Abba, Padre" y que nos da acceso ininterrumpido al corazón de Él. La revelación de su Reino y el conocimiento de su voluntad que vendrá a la Tierra se derraman más en estos encuentros. Pero, a medida que realmente conocemos al Padre y lo que Él quiere hacer, deberíamos convencernos de que saber no es suficiente. Todo su plan se centra en revelar a sus hijos e hijas, quienes caminarán en la autoridad que Jesús recibió cuando murió y que traerán libertad a toda la creación (vea Romanos 8:19-21). Por esta razón, el Espíritu Santo no vino solo a vivir dentro de nosotros, sino también a descansar sobre nosotros con la misma unción que Jesús tenía, con el fin de liberar las respuestas del Cielo a los dilemas de la Tierra. En otras palabras, Él vino a manifestar el Reino. Este es el bautismo *continuo* que necesitamos.

Estoy muy agradecido de que, en el último siglo, el Espíritu Santo haya hecho volver a la búsqueda y a la experiencia de este bautismo a gran parte del Cuerpo de Cristo en el mundo. Lo que me frustra es que haya tantos creyentes que saborean esta unción gloriosa y no llegan a emprender una búsqueda durante toda la vida para tener más. Cada hombre y mujer que conozco que se ha lanzado a un ministerio de señales y maravillas por medio de su experiencia con el Espíritu Santo comprende que nunca debe dejar de batallar por más encuentros ni debe dejar de experimentarlos. Sin embargo, también comprenden que su viaje de batalla es un viaje de mayordomía. Demasiadas personas renacidas no saben cómo administrar lo que recibieron cuando fueron bautizadas en el Espíritu Santo, así que siguen regresando al mismo lugar, pidiéndole a Dios que los llene otra vez. Esta actitud carece de una comprensión fundamental de cómo Dios establece su Reino.

CÓMO VIENE EL REINO

En un momento, Jesús se dio cuenta de que sus discípulos no habían entendido cómo vendría el Reino. Después de ser testigos de miles de milagros, señales y maravillas que confirmaban su mensaje de que "el reino del Cielo está próximo", los discípulos creían que "... el reino de Dios iba a manifestarse en cualquier momento" (Lucas 19:11). Así que Jesús les contó una parábola sobre un noble que abandonó el país y confió a sus siervos varias sumas de dinero para que invirtieran, mientras él no estaba. Cuando el noble regresó, hizo que cada persona rindiera cuentas de lo que había hecho con lo que se le había dado. En respuesta, le dio a cada persona autoridad sobre ciudades en su reino en correlación directa con su habilidad para invertir y manejar lo que se le había dado para administrar. Por ejemplo, al que había logrado usar bien diez unidades de dinero y ganar diez más, lo convirtió en gobernador de diez ciudades. Luego condenó al sirviente que había escondido el dinero en lugar de invertirlo (Lucas 19:12-27). Es así cómo viene el Reino de Dios –no todo simultáneamente, sino poco a poco, a medida que su pueblo administra la unción que recibió en su último encuentro–. No podemos apropiarnos de ciudades y naciones para Dios porque Él ya las posee. Por eso, el Salmo 2 dice que debemos pedirle a Dios las naciones, y Él nos las dará como herencia. Nuestro trabajo es convertirnos en seres a los cuales Él pueda confiarles su autoridad hasta que ciudades y naciones enteras estén bajo la influencia justa de aquellos que sirven bien, de quienes llevan a cabo el plan de Dios. Esta añadidura les llega a aquellos que son fieles con lo que se les ha dado.

Entonces, ¿cómo administramos lo que se nos ha dado? Usamos las herramientas que hemos recibido para batallar por las promesas y los deseos que Dios ha puesto en nuestros corazones por medio del Espíritu Santo. También damos otros pasos específicos de fe y de obediencia para alinear nuestros pensamientos y comportamientos con lo que hemos escuchado. Si usted tiene ansias de predicar el evangelio, un primer paso puede ser predicárselo a usted mismo en el auto. Quizá sea un comienzo pequeño, pero no podemos despreciarlo porque la fe dice que lo importante no es dónde estamos, sino adónde vamos. Y la fe comprende que la liberación espiritual es producto de la obediencia física.

La fe debe conquistar nuestro miedo al fracaso si vamos a aceptar completamente un viaje de transformación. Como nos enseña la lección de Nehemías, nuestras promesas y nuestros deseos suelen estar conectados a los lugares donde necesitamos crecer en nuestro carácter y en nuestra capacidad de pensar y de vivir como Dios. Si no hubiera poder para cambiar, sería cruel que Dios nos diera promesas que nunca estaríamos capacitados para recibir. Pero, como el Espíritu del Cristo resucitado vive en nuestros cuerpos, sus promesas y deseos son las llaves para nuestro avance. Tenemos que llegar a ver los lugares de ausencia en nuestras vidas como los mismos lugares donde Dios tiene la intención de llevarnos a nuestras mayores victorias, si nosotros asumimos el riesgo de avanzar en nuestras promesas.

DE LA DESESPERACIÓN A LA FE

Durante años me molestó el hecho de que, aunque yo predicara que Dios era un Dios de milagros, no estaba viendo nada milagroso. No podía sentirme satisfecho con tener simplemente una buena teología, porque mi experiencia negaba lo que mi teología decía. Pasaba de sentirme molesto a verme consumido por celos piadosos cuando oía informes de sanidades que sucedían en el Movimiento de la Viña por medio de John Wimber y otros. En el transcurso de esta temporada, recibí palabra profética de mi amigo Mario Murillo que decía que Dios me ungiría para transitar un ministerio de sanidades y milagros. Tomé esa palabra, la escribí y comencé a declararla en mi vida regularmente. Hace más de diez años, el Señor comenzó a cumplir su palabra, y he visto consistente y crecientemente los milagros a medida que ministro el evangelio.

Hace poco, tuve la oportunidad de volver a encontrarme con Mario y saqué la tarjeta gastada que tenía escrita su palabra profética. Sabiendo cómo yo había luchado por la palabra, comenzó a explicarme que yo era como Ana. Ana quería la mismísima cosa que su esterilidad le impedía tener: un hijo. Pero en lugar de sucumbir a su amargura y a su decepción, ella clamaba al Señor. El suyo debió haber sido un clamor de fe porque desarrolló una determinación de apartar su deseo completamente para el Señor. Estaba tan consumida por su deseo que perdió toda conciencia de lo que los demás pensaban de ella. Mario me explicó que el Señor había usado mi esterilidad en el reino de los milagros para desarrollar ese mismo clamor desesperado en mí como en Ana: al punto en el cual no me importaba si era malinterpretado. Al luchar por la promesa, fortalecí mi determinación de guardar la unción celosamente cuando al final la recibí, y de usarla por completo para los propósitos del Señor. Esta determinación es esencial para volvernos confiables para experimentar la ejecución de la promesa.

Así como lo indica la parábola de Jesús acerca de los talentos, el lapso entre el día en que se nos confía un "talento" y el día en que Dios nos llama para dar cuenta de nuestra mayordomía es indeterminado. Yo no sabía cuánto tiempo necesitaría seguir orando e imponiendo las manos sobre la gente esperando que mi palabra profética se cumpliera. Pero mi corazón estaba embarcado en un peregrinaje. No había "plan B". Como yo vivía en busca de la promesa, cada día me acercaba más a mi meta. El hecho de que tuviera una promesa de Dios garantizaba que habría un día en el cual el Señor evaluaría lo que yo había hecho y juzgaría si mi administración de la promesa me había preparado adecuadamente para administrar el reino de la unción que se me había prometido.

Si no preparamos nuestro corazón para la meta final, despreciaremos el día de los pequeños comienzos. Tampoco podremos reconocer cuánto hemos avanzado desde esos tiempos. Debemos aprender a estar profundamente agradecidos por lo que Dios ha hecho en el pasado, mientras mantenemos nuestros ojos fijos en las posibilidades que están ante nosotros hasta que el Reino se cumpla en su totalidad. Con esta perspectiva, también necesitamos mantener la conciencia de que ya hemos recibido cualquier cosa que sea necesaria para la siguiente etapa de nuestro viaje. ¡Dios quiere que triunfemos!

¡Dios quiere que triunfemos!

Dios nos ha preparado para el éxito. Sí, Él nos mandó que hiciéramos discípulos de todas las naciones. Parece una tarea imposible. Pero Jesús es el Deseado de todas las naciones y vive dentro de nosotros para que nos sea posible tener éxito en la tarea imposible de hacer discípulos de las naciones. Nuestro trabajo es aprender a dejarlo salir a Él, y solamente hacemos eso en la medida en que nos parecemos a Él. Por esto, el deseo de ser como Cristo es la pasión impulsora de la vida cristiana. Cuando realmente vemos quién es Él y qué ha hecho por nosotros, cuando conocemos su amor y su poder, nace en nosotros una concientización desesperada –simplemente no podemos seguir viviendo con las áreas de nuestras vidas que son inconsistentes con lo que Jesús es–. Esta convicción debe aferrarse tanto a nuestros corazones que decidamos seguir adelante hasta ser completamente conformes a su imagen. Al ser como Cristo, nos convertimos en la mismísima cosa que el mundo anhela.

LA TRANSFORMACIÓN PERSONAL: LA AMBICIÓN MÁXIMA

Ser transformados a su imagen es la pasión que motiva nuestra prioridad para aprender cómo fortalecernos. Nadie más puede cumplir mi destino por mí. Nadie más puede poseer mis promesas. La complacencia no traerá el bautismo del Espíritu Santo a mi vida. Hay algo en ejercitar mi fe para dar un paso más allá de lo conveniente que importa a Dios. En una ocasión, Jesús vio que sus discípulos tenían problemas en medio de una tormenta, así que caminó sobre el lago. Pero no caminó hacia ellos. La Biblia dice: "... iba a pasarlos de largo" (Marcos 6:48). Los *gritos* de sus discípulos fueron los que causaron que Él se acercara. Estaba demostrándoles que Dios está disponible para nosotros, que siempre está a nuestro alcance.

Dios nos busca con un amor tan abrumador que tomará toda la eternidad medir su profundidad. Pero Él protege las oportunidades que tenemos para usar nuestra voluntad para buscarlo. Es así como funciona la fe. Si Él dice que nos alcanzará, saltamos porque Él puede hacer lo que prometió solamente cuando saltamos. Solo cuando damos un paso hacia las cosas sobrenaturales que Él nos pidió, podemos apropiarnos del poder sobrenatural que nos dio para lograr esas tareas imposibles.

Los hijos de Coré nos dan una descripción maravillosa de cómo se lleva a cabo en nuestras vidas el proceso de madurar en fortaleza y en carácter:

> Bienaventurado el hombre que tiene en ti sus fuerzas, en cuyo corazón están tus caminos. Atravesando el valle de lágrimas lo cambian en fuente, cuando la lluvia llena los estanques. Irán de poder en poder; verán a Dios en Sion.
>
> SALMO 84:5-7, RVR60

El valle de lágrimas es una imagen profética de cualquier dificultad en nuestras vidas, cualquier clase de pérdida, cualquier crisis, necesidad o dolor. Quienes tienen en el Señor su fortaleza y cuyos corazones están en sus caminos –o desean correr la carrera hasta el final y cumplir el destino que Dios les dio– pueden tomar esos lugares de decepción y convertirlos en fuentes.

Cuando no permitimos que las circunstancias y las áreas de debilidad personal determinen nuestro nivel de fe y de pasión, descubrimos el secreto de la victoria en cada circunstancia. En lugar de estar restringidos por las limitaciones establecidas por nuestro entorno natural, elegimos elevar el clamor de nuestros corazones al Señor en los lugares secos y estériles, y extraer "agua" a la superficie; agua que el Espíritu Santo ya derramó en nuestras vidas. Es como cavar en un terreno seco y agrietado hasta encontrar agua. Pero esta agua es en realidad una fuente de gran frescura. Yace debajo de la superficie de nuestras circunstancias más desérticas. Recuerde que Jesús prometió que ríos de aguas vivas brotarían de nuestros corazones (vea Juan 7:38). El Espíritu Santo le dará agua para sustentarlo durante las épocas secas y áridas.

> *El Espíritu Santo le dará agua para sustentarlo durante las épocas secas y áridas.*

Es muy importante que usted crea que esto es verdad. ¡Así seremos conscientes del hecho de que NUNCA estaremos lejos del agua! Y cuando provocamos la pasión de nuestros corazones por las promesas de Dios en un lugar de debilidad, no solo estamos creando una fuente, sino que atraemos los derramamientos del Espíritu que cubren esos lugares con estanques –los nuevos dominios de la unción–. Cuando descubrimos las fuentes debajo de nuestros momentos áridos, atraemos la lluvia. Él agua atrae el agua. Administrar correctamente el trabajo del Espíritu Santo en nuestro pasado (cavar en lugares áridos) atrae el agua del derramamiento (que está por venir). Esta es la mayordomía del Reino: tomar las áreas estériles de nuestras vidas, los lugares con sueños no cumplidos y gran decepción, y atraer las fuentes de vida de nuestros propios corazones, sabiendo que el Espíritu Santo vive dentro de nosotros y que jamás se le agota la vida que puede dar. Aquel que prometió es fiel. Cumplir las demandas de este principio de mayordomía es como "ir de poder en poder" y finalmente alcanzar nuestro destino, viendo "a Dios en

Sion" –una imagen que no solo habla de ir al Cielo cuando muramos, sino de convertirnos en personas que viven en pos del Cielo en la Tierra, ahora mismo.

MI VALLE DE LÁGRIMAS

En el 2003, mientras estaba en un viaje ministerial en Brasil con Randy Clark y su equipo de Despertar Global, recibí la noticia de que, durante un procedimiento quirúrgico simple, los médicos habían descubierto que mi padre sufría de cáncer de páncreas. Me fui del Brasil antes para estar con él y unirme a mi familia en la batalla por su vida.

Mi padre siempre fue quien más me alentó en la vida. Y la mayoría de las personas que lo conocían opinaba lo mismo. Era un verdadero Bernabé, *un consolador*. Además de las razones obvias por las cuales yo quería que mi padre viviera, sabía que necesitaba su ayuda continua en lo que Dios estaba haciendo aquí, en Redding, California. También quería que él viera el fruto de su propia labor: era el pastor que había marcado el camino original de la iglesia más de veinte años antes de que yo me convirtiera en pastor.

Sentí que debía pedirle a Dios que repitiera el milagro de Ezequías para mi padre. Cuando enfrentaba la muerte, Ezequías clamó a Dios, y se le concedieron quince años más de vida en la Tierra. Como Dios no hace acepción de personas y es el mismo ayer, hoy y siempre, parecía una oración apropiada para esta situación. Un gran número de personas comenzó a hacer la misma oración pidiendo que se le dieran a mi padre los mismos años adicionales que a Ezequías. De hecho, una mujer a quien yo jamás había conocido me dijo que Dios le había hablado del mismo "milagro de Ezequías" para que ella me lo dijera a mí como promesa para mi padre; la recibí con mucho gusto.

Irónicamente, el cáncer ha sido un blanco de oración que hemos tenido por varios años. El cáncer se ha convertido en el Goliat que se mofa de los ejércitos del Dios viviente, y yo tengo una ira piadosa por la violación del nombre del Señor. Nos negamos a demostrar respeto alguno por el nombre cáncer, ya que es inferior al nombre de Jesús. A lo largo de los años, hemos tenido muchos casos de cáncer sanados en nuestra iglesia y a través de ella. De hecho, alguien en nuestra ciudad comenzó un rumor después de ser sanado: "Ve a Bethel; ¡allí no toleran el cáncer!". Aunque no todos los que han venido se han sanado, estamos en la búsqueda, creyendo que Dios nos dará esa clase de avance y que, finalmente, nos pondrá como una "zona libre de cáncer".

A pesar de los muchos logros que tuvimos con otros, llegué a mi propio *valle de lágrimas* cuando mi padre murió de cáncer después de una lucha de seis meses. Sentí como si hubiera empujado una roca de mil kilos por seis meses, la cual jamás cedió. La enfermedad espiritual puede asentarse cuando alguno de nosotros tiene una decepción que no se saca a la luz para que Dios la sane con su poder. "La esperanza frustrada aflige al corazón..." (Proverbios 13:12). Sabía que permitir que la decepción dominara mi corazón causaría que mis ojos se cegaran a la mano de Dios que trabajaba en mí.

Fortalecerme en el Señor me ayudó a mantenerme alejado de la ansiedad el tiempo suficiente para hacer un descubrimiento importante: junto a la roca de mil kilos, hay una roca de quinientos kilos que no hubiera podido mover antes de la lucha por la vida de mi padre. Empujar la roca que nunca se movió me fortaleció porque reforzó mi determinación de vivir en el propósito divino y de establecer la columna vertebral de la perseverancia. Al negarme a cambiar mi foco, descubrí que ahora puedo mover la roca de quinientos kilos que no podría haber movido antes de la lucha. Para mantenerme alejado de la aflicción del corazón de la que previene Proverbios 13:12, vigilé mi *actitud* en mi interior. Esta fue una manera de convertir mi valle de lágrimas en fuentes refrescantes, porque del corazón mana la vida (vea Proverbios 4:23).

No puedo darme el lujo de tener pensamientos en mi cabeza que no estén en la de Dios. Pensar que Él causa el cáncer es una equivocación enorme; Él no lo tiene y no puede darlo. Me niego a culpar a

Dios por el cáncer de mi padre o, realmente, por cualquier otra calamidad en mi vida. Simplemente vivimos en un mundo con conflicto y pecado. Las cosas malas suceden. Aunque no pueda entender "por qué", comprendo que ni Dios ni su pacto son deficientes.

Si bien Dios es suficientemente grande para usar cada situación para su gloria, eso no significa que el problema en cuestión haya sido su voluntad. No todo lo que pasa en la vida es la voluntad de Dios. Debemos dejar de culparlo a Él. La piedra angular de nuestra teología es el hecho de que *Dios es bueno y que solo da regalos buenos*. Siempre es fiel, siempre guarda sus promesas. No hay maldad ni oscuridad en Él.

Su bondad y su fidelidad son el foco de mi alabanza. Celebro esos aspectos de su naturaleza durante *circunstancias* que a veces parecen ser *contradictorias*. Después de la muerte de mi padre, descubrí el privilegio de darle a Dios una ofrenda de sacrificio de alabanza que jamás podré darle en toda la eternidad. Le di mi ofrenda en medio de la tristeza, de la decepción y de la confusión –sentimientos que jamás experimentaré en el Cielo–. Solo en esta vida podremos darle ofrendas con esa clase de "fragancia".

Si no llegamos al final de nuestra búsqueda de un milagro, la falta en la ecuación nunca está del lado de Dios. Cuando los discípulos se sintieron tentados a pensar así, Jesús les dio a entender el verdadero asunto cuando dijo: "Esta clase de demonios solo puede ser expulsada a fuerza de oración..." (Marcos 9:29). La mayoría de los que oramos tendemos a hacerlo en busca de un milagro específico en lugar de perseguir un estilo de vida de milagros. Jesús no oró en esta situación, porque su vida estaba llena de oración, lo que le daba acceso a la forma de vida sobrenatural deseada. Debemos pensar en ganar acceso al *estilo de vida* en lugar de solamente obtener un progreso único en una circunstancia específica. Le debemos al mundo que nos rodea esa clase de demostración celestial.

Aprender a enfrentar la posibilidad de carencia de nuestra parte sin sucumbir ante la culpa y la vergüenza es clave para mantener el foco en la búsqueda de la vida de milagros como la de Cristo. Me niego a sacrificar la revelación de que *Dios es siempre bueno* en el altar de las razones humanas por mi necesidad de encontrarle sentido a mi oración aparentemente no respondida. Prefiero mucho más la incomodidad causada por darme cuenta de que hay una zona de inmadurez en mi vida si eso me provocará que busque a Dios hasta que logre un progreso. Muchas personas que descubren y admiten su necesidad de crecimiento personal en medio de una pérdida trágica caen en sentimientos de remordimiento y de autocrítica. El remordimiento es un asesino común en la Iglesia y debe ser enfrentado. ¡Haga que se cubra de la sangre de Cristo y déjelo allí!

¡Use su pérdida como el cimiento para el provecho de otra persona al invocar la justicia divina! Eso significa que debo continuar buscando el mismo progreso que buscaba para mi padre, pero ahora cambiando mi foco a otros que tienen la misma necesidad. El sistema de justicia de Dios requiere que un ladrón pague siete veces lo que robó. Estoy pidiéndole a Dios una unción contra el cáncer siete veces más grande de la que tenía antes. (Llamativamente, justo después de terminar de escribir esta parte del capítulo, recibí un testimonio de otro caso de cáncer que se sanó por medio de nuestro ministerio: ¡cáncer de páncreas! ¡Eso es justicia divina!).

HEMOS SIDO CONVOCADOS

Hay una invitación frente a nosotros. Vivimos días de renovación, en los cuales Dios trae momentos maravillosos de frescura a su Iglesia y atrae a los perdidos para que prueben su salvación por medio de actos de poder asombrosos. Pero con este derramamiento extravagante de gracia, el Padre espera persuadir a una generación de hijos suyos para que acepten el llamamiento a madurar, el llamamiento a contender en su fuerza para obtener los progresos personales que necesitamos para llevar mayores medidas del poder de su Reino al mundo que nos rodea. Esta es la carrera que tenemos por delante. ¡Deseo que seamos aquellos que aprenden a fortalecerse a sí mismos, que corren con perseverancia!

Capítulo 10

¡No permitiré que suceda en mi turno!

Por medio de Él tenemos autoridad sobre cada tormenta.

Nuestro llamamiento a hacer discípulos de las naciones comienza cuando comprendemos lo que significa ser un discípulo. Jesús dejó muy en claro los requerimientos para seguirlo: "Y el que no toma su cruz y me sigue no es digno de mí" (Mateo 10:38). Jesús no dice que debemos experimentar castigo por nuestros pecados. Esa fue la cruz que Él llevó. Tomar nuestra cruz significa aceptar la verdad de que nuestra vida no gira alrededor de nosotros. Romanos 14:7 lo dice de esta manera: "Porque ninguno de nosotros vive para sí mismo, ni tampoco muere para sí". La cruz de Jesús no tenía que ver con Él, sino con complacer a su Padre y redimirnos a nosotros. Asimismo, nuestra cruz no tiene que ver con nosotros, sino con vivir nuestras vidas para Cristo y hacer nuestra parte para lograr que su misión tenga éxito en la Tierra.

La vida de David nos muestra que el progreso personal libera una bendición colectiva a quienes nos rodean. La Cruz de Cristo hizo lo mismo, así como el progreso personal de Jesús. Él tenía un destino que cumplir que exigió mucha fortaleza para poder resistir tentaciones, distracciones y oposiciones que podrían haberlo alejado de su curso. Su obediencia liberó la bendición colectiva más grande de la historia: la salvación disponible para toda la raza humana. De la misma manera, la cruz que nosotros aceptamos liberará una bendición no solo a quienes nos rodean, que experimentan los beneficios de la salvación de Jesús, sino también al Señor, que toma posesión de su herencia en la Tierra por medio de nuestra mayordomía.

Pablo nos dice que somos "... herederos de Dios y coherederos con Cristo, pues si ahora sufrimos con él, también tendremos parte con él en su gloria" (Romanos 8:17). Jesús sufrió al resistir las mismísimas cosas que derrotaría por medio de su muerte y su resurrección: el reino de la oscuridad y su control sobre el pecado y la muerte de la raza humana. De la misma forma, la cruz que tomamos y el sufrimiento que soportamos como creyentes es la resistencia de las fuerzas enemigas que debemos desplazar de la Tierra que heredamos con Cristo. Ejercitar el poder y la autoridad que se nos han dado para tomar nuestro territorio del enemigo es lo que fortalece nuestro carácter para mantenernos en un lugar de influencia en ese territorio para establecer el Reino. No debemos meramente amarrar al hombre fuerte, echarlo de la casa y recuperar lo que nos robó. Se supone que nos convirtamos en hombres fuertes del Reino que pueden liberar las bendiciones del Cielo para llenar la casa.

Esto es lo que Jesús intentaba enseñarles a sus discípulos en Marcos 4. Les dijo que era hora de levantar el ministerio en una orilla del lago y cruzar al otro lado, a una región donde aún no habían escuchado el mensaje del Reino. En el camino, se toparon con una tormenta que intentó destruirlos. Jesús calmó la tormenta con una palabra y pudieron completar el viaje. Cuando llegaron a la orilla, un hombre poseído por un demonio salió de entre los sepulcros y comenzó a alabar a Jesús. Cuando Él echó fuera los demonios, estos le suplicaron que no los expulsara de esa región geográfica. Esto indicaba que los demonios que poseían al hombre tenían control sobre el principado de esa región. Él había sido su hombre fuerte para legislar la atmósfera de caos en la zona, y la tormenta que intentó impedir que Jesús y sus discípulos entraran a la región era una manifestación del poder de los demonios. Pero ese poder no era suficiente para evitar que el hombre alabara a Jesús (¡no hay legión de demonios que puedan impedir que alguien alabe al Señor!). La alabanza del hombre lo llevó bajo la autoridad superior del Reino, y el principado que gobernaba la región fue desplazado.

Esta perturbación en la atmósfera fue tan violenta que la gente de esa ciudad tuvo miedo y exigió que Jesús y sus discípulos se marcharan. Pero el Señor no permitió que su nuevo converso lo acompañara y se alejara de su propio pueblo, aunque era un entorno extremadamente hostil para un joven creyente. En lugar de eso, le encomendó liderar la expansión evangélica en la región: "–Vete a tu casa, a los de tu familia, y diles todo lo que el Señor ha hecho por ti y cómo te ha tenido compasión" (Marcos 5:19).

Al poco tiempo, cuando Jesús regresó a la zona, cada uno de los habitantes de la ciudad se acercó a oírlo. El encuentro de un hombre con Jesús cambió la perspectiva de una multitud entera de rechazar a Dios a tener hambre de Él.

CUANDO LA INCREDULIDAD OBTIENE UNA ORACIÓN RESPONDIDA

Es una historia maravillosa, pero solemos pasar por alto la implicación de cierto momento. Después de que Jesús calmó la tormenta, se volvió a sus discípulos y les dijo: "¿Por qué tienen tanto miedo? (...) ¿Todavía no tienen fe?" (Marcos 4:40). Para muchos de nosotros, su respuesta parece un poco extrema. Pensamos que es nuestro trabajo pedirle a Dios que arregle nuestros problemas, y que su trabajo es responder. Pero Jesús estaba diciendo: "Tuve que hacer el trabajo que los entrené a ustedes para hacer".

Jesús les dijo a sus discípulos que era mejor para Él marcharse porque así su Padre podría enviar al Espíritu Santo para vivir dentro de nosotros. Esto significa que, en las tormentas de nuestras vidas, estamos en mejor posición que los discípulos, que meramente lo tenían a Jesús dormido en el barco con ellos. Nosotros tenemos su mismísimo Espíritu que vive dentro de nosotros. Si seguimos su camino, siempre tendremos autoridad sobre la tormenta. Pero cuando intentamos salvar nuestras vidas en lugar de acercarnos a la tarea y al destino que el Padre nos dio, no solo estamos perdiendo la oportunidad de progresar personalmente en nuestra fe, sino que estamos causando que la gente en la esfera de influencia a la que Dios nos llamó pierda la oportunidad de experimentar la bendición que se libera cuando nuestra fe desplaza una atmósfera opresiva con una celestial. Por esta razón, muchos cristianos miran las tormentas en sus vidas y la corrupción en el mundo, y concluyen que su trabajo es simplemente intentar resistir hasta que mueran o suceda el arrebatamiento. Pero la gente de fe tiene una perspectiva diferente: miran la tormenta y ven la oportunidad de sus vidas. Por medio de Él, tenemos autoridad sobre cada tormenta.

Por medio de Él, tenemos autoridad sobre cada tormenta.

Los gigantes espirituales tienen el hábito de ponerse de pie durante los momentos más oscuros de la historia para hacer frente al desafío. Las personas como Jonathan Edwards, William Booth, John G. Lake y Aimee Semple McPherson fueron verdaderos discípulos de Cristo que comprendieron que todo lo que Jesús hizo fue un modelo de la tarea personal de cada uno. Miraron la tormenta de su época –las manifestaciones del reino de oscuridad en el territorio que ellos estaban convencidos de que era la herencia legítima del Señor– y se pusieron de pie con fe para desplazar esas tormentas, declarando: "¡No permitiré que suceda en mi turno!". Como sabían que su tarea era moldear el curso de la historia mundial, rehusaron ceder ante el gran volumen de oscuridad que los rodeaba. Vieron que todo el Cielo los respaldaba en su tarea *humanamente imposible*.

Este es el momento de permitir que las historias de estos hombres de Dios hagan más que sorprendernos. Jesús nunca quiso que solo unos pocos creyentes especiales caminaran con una unción grandiosa como la de Él y que cambiaran el clima espiritual de las regiones. Había entrenado a cada uno de sus discípulos en ese barco para hacer lo que Él hizo. Es momento de que una generación entera de creyentes acepte la oportunidad que tiene enfrente: tomar sus cruces y contender por los progresos que permitirán que Dios le confíe medidas de unción suficientemente grandes como para recuperar la herencia que se nos invitó a compartir con Él.

Para hacer esto, necesitaremos mucho coraje porque tendremos que asumir riesgos cuando demos un paso de fe hacia lo que hemos visto y oído del Señor. Jamás daremos ese paso si nuestra esperanza descansa en experimentar otro gran evento, como esperar que llegue la próxima ola de renovación o que un profeta nos llame y nos dé una palabra. Debemos asumir responsabilidad personal para fortalecer cada lugar débil y quebrar nuestro acuerdo con el miedo. Debemos convertirnos en la manifestación constante de la renovación y dejar de esperar que las circunstancias externas se alineen con nuestros sueños. Lo hacemos agradeciendo y regocijándonos, orando como Él ora, meditando las promesas y los testimonios, y asociándonos con gente de fe, no solo cuando quienes nos rodean lo hagan, sino continuamente, como estilo de vida.

Usar estas herramientas es la única manera en que podemos tener acceso a la fortaleza y al coraje que necesitamos en medio de la tormenta, porque nos recuerdan quiénes somos y lo que Dios nos encomendó hacer. Más que nada, nos recuerdan que estamos plenamente equipados para la victoria, no porque tenemos una fórmula que siempre funciona, sino porque *Dios está con nosotros y dentro de nosotros.*

Esta es su promesa para cada hijo que escucha el llamamiento para contender por su tierra prometida: "Ya te lo he ordenado: ¡Sé fuerte y valiente! ¡No tengas miedo ni te desanimes! Porque el Señor tu Dios te acompañará dondequiera que vayas" (Josué 1:9).

INFORMACIÓN DE CONTACTO DEL AUTOR
Y RECURSOS PARA EL MINISTERIO

Bill Johnson
Iglesia Bethel
933 College View Drive
Redding, CA 96003, EE. UU.

Sitio en Internet: www.ibethel.org
www.billJohnsonministries.com